国家主权违约
对外商直接投资的影响研究

蓝茵茵　著

Study on the Effects of the Sovereign
Default of Host Countries on Foreign Direct Investment

中国社会科学出版社

图书在版编目（CIP）数据

国家主权违约对外商直接投资的影响研究/蓝茵茵著. —北京：
中国社会科学出版社，2017.9
ISBN 978 - 7 - 5203 - 1112 - 0

Ⅰ.①国…　Ⅱ.①蓝…　Ⅲ.①对外投资—直接投资—研究—中国
Ⅳ.①F832.6

中国版本图书馆 CIP 数据核字（2017）第 238678 号

出 版 人　赵剑英
责任编辑　杨晓芳
特约编辑　席建海
责任校对　张爱华
责任印制　王　超

出　　　版　中国社会科学出版社
社　　　址　北京鼓楼西大街甲 158 号
邮　　　编　100720
网　　　址　http://www.csspw.cn
发 行 部　010 - 84083685
门 市 部　010 - 84029450
经　　　销　新华书店及其他书店

印　　　刷　北京君升印刷有限公司
装　　　订　廊坊市广阳区广增装订厂
版　　　次　2017 年 9 月第 1 版
印　　　次　2017 年 9 月第 1 次印刷

开　　　本　710×1000　1/16
印　　　张　16.5
插　　　页　2
字　　　数　186 千字
定　　　价　69.00 元

序

长期以来，对外投资领域的东道国主权违约影响研究，多关注国际信贷及证券投资等间接投资所受影响，针对外商直接投资（Foreign Direct Investment，FDI）所受影响的专门探索尚不多见。然而，进行国家主权违约对外商直接投资的影响研究，既是对外投资领域的理论研究需要，也是一种极富现实意义的探讨。

一方面，FDI 对一国经济发展具有更稳定和持久的促进作用，因此主权违约将如何及怎样影响 FDI 流动和发展，是尤为值得一国关注的问题。FDI 是投资者对另一国的生产性直接投资，以获得对所投资企业的经营管理控制权和利润，因而比间接投资更长期而稳定地扎根在东道国经济与社会土壤之中，是东道国实体经济的重要组成部分。除了是稳定的外资来源，FDI 还被认为可带来技术扩散、就业增加等外溢效应。

另一方面，进入 21 世纪以来，世界经济的一些显著变化，使得研究该问题有了更急迫的现实需要。首先，发展中国家仍是主权违约主力，但希腊等一些欧洲国家也陆续出现主权违约问题，全球范围内 FDI 将受到更广泛和深刻的影响；其次，发展中国家群体对外直接投资增长迅猛，特别是中国已成为仅次于美国的全球第二大对外直接投资国，海外高额投入面临的风险值得我们持续关注和保持警惕。

鉴于这种状况，作者选择了此课题为研究对象，我予以了支持。

在攻读博士学位的时间里，作者走访了中东地区的中国跨国公司，跟踪调查迪拜主权债务危机时中国直接投资所受的短期与长期影响及应对选择，在掌握大量第一手资料的基础上完成了相关案例撰写。在欧洲访学时，继续搜集文献和撰写论文，同时向国内外同行请教、交流。在回国学习和工作期间，作者完成了博士学位论文的撰写，在内审、外审以及答辩环节均获得了较好的评价。并以博士论文为基础，筹备了本书的出版。

目前看来，本书的研究成果集中体现在这样两个方面：

一方面，回顾与梳理了主权违约影响 FDI 的历史与研究历程，认为主权违约先后以政府征用直接影响和通过主权债务危机传导间接影响的形式作用于 FDI，并将这两条影响线索中各自存在的关键链接阐释缺失作为研究重点。虽然可能还有其他更准确的线索归纳，但作者在这方面的尝试非常有益，也可作为今后研究的基础和参照。

另一方面，对本书要解决的三个问题：（1）主权违约国家征用 FDI 的发生条件是什么；（2）主权债务危机如何以及怎样影响 FDI；（3）发达东道国主权违约如何影响当地中国直接投资，作者较好地综合运用了理论建模、计量和数理分析、比较分析、历史分析与逻辑推理方法，进行了全面而系统的研究和阐释，得出了不少具有借鉴意义的结论。此部分研究视野开阔、功底扎实。特别是对于第三个问题，作者完整而全面地考察了发达东道国主权违约对当地中国直接投资的影响，提出了解释中国对外直接投资行为，应结合转型与发展背景下的中国制度特征进行分析的观点，颇有新意。

作者的这本专著在准备付梓之际向我索序，便写了以上这些话。是以为序。

罗新星

2017 年夏于长沙

目 录

第一章　绪论

一　引言

（一）研究背景

主权违约是一种历史悠久的金融危机。有文字记载的主权违约，最早可以追溯到欧洲文明萌芽的古希腊时期。此后，只要有人类经济活动存在，不管在哪个时期、哪个区域，或偶尔或频繁的主权违约都会破坏正常的国民经济。主权违约的后果远非一般公司或私人违约可以比拟。它意味着一个国家信用的丧失，该国范围内几乎所有经济活动都将受到连带影响。尤其是近 40 年来，主权违约多引发严重的主权债务危机，使债务国失去长时段的经济发展契机，例如，20 世纪 80 年代拉丁美洲主权债务危机频发就使整个区域内众多国家的经济承受了"失落的十年"。

主权违约的群体一直在发生变化。现在的发达国家，在几个世纪以前也深受主权违约的困扰。"二战"结束后，亚非拉各民族国家独立以来，债务问题更一直是整个发展中国家群体经济发展中面临的重大挑战。而在21世纪第一个十年快结束时，希腊等一些欧洲国家债务困境披露，主权债务危机自"二战"结束以来首次在发达地区爆发，成为学术界和政策研究机构的关注重点。

世界经济的另一变化是，作为经济全球化最重要组成部分的外商直接投资（Foreign Direct Investment，FDI）从20世纪60年代开始高速增长，并大幅流入高主权违约概率的新兴市场国家。全球化在真正意义上的形成是在20世纪70年代末中国对外开放、80年代拉丁美洲经济自由化和90年代苏联及东欧国家经济改革之后。跨国公司（Transnational Corporations，TNCs）纷纷把握机遇进入这些国家投资经营，包括中国在内的大量东亚、东南亚与拉美国家也正是因为吸引到充足的FDI，才开始了在全球价值链上的嵌入、升级与经济飞跃。但跨国公司很快遇到了一个棘手的问题——这些新兴市场国家经常爆发主权债务危机。甚至在部分发展中国家，连续的主权违约几乎成为国家经济发展中根深蒂固的现象，如墨西哥在1821—2009年对外债违约的时段总计达43.9%（Reinhart，2010）。

具体到我国的情况，目前，中国对外直接投资存量高度集中于主权违约风险新近聚集的欧美发达国家，随着"一带一路"战略推进，未来还将更多流向主权违约风险历来较高的亚洲以及南欧、东非的发展中国家。

在这样的背景下，研究可能频发的东道国主权违约对FDI的影响，有助于跨国公司针对性识别和管理此类风险、降低海外营利的不确定性，也有助于跨国公司母国完善投资协定谈判议题、细化国别投资信息发布及调整对外投资支持与救助政策体系。如此，研究该问题蕴含着重大的经济价值。

（二）问题提出

然而，对外投资中的东道国主权违约研究却长期集中在国际信贷及证券投资等间接投资领域。国际经济组织、各国央行、金融机构和评级机构对主权违约有长期的理论研究历程，出于自身需要，它们的研究关注主权违约风险评估与预警，以及金融投资中的主权违约风险控制与管理。学界也就国际金融投资遭遇的主权违约问题探索了约40年，主要关注点一是违约国与主权债券投资者、贷款银行和贷款国政府等国际债权人之间的博弈，如债务重组谈判；二是主权违约对金融市场的影响，如违约国及区域内国家股票市场的波动。

在现实经济中，国际直接投资与国际金融投资不同，直接投资长期而稳定地扎根在东道国经济与社会土壤之中，是所在国实体经济的一部分。FDI不仅给东道国带来比较稳定的外资，还具有给该国带来资本产出之外的收益的可能性，如技术外溢、管理经验与营销技巧转移、熟练劳动力和技术工人培育以及创造工作岗位等。就所受主权违约的影响而言，一方面，外商直接投资企业可能因为外资身份，受到违约国针对其设计的直接征用和更隐蔽形式的间接征用，又无法像国际信贷投资者那样通过债务重组谈判收回部分权益，也无法像国际证券投资者那样较为便利地迅速抛售资产，从违约国抽身；另一方面，外商直接投资企业扎根于东道国经济之中，将与东道国本土企业一同承受主权违约对整个经济、金融、社会及制度环境的冲击。

由于外商直接投资对东道国具有重要意义，以及它实际上又会受到主权违约广泛而深远的影响，再加上目前专注该问题的系统探索尚不多见，共同促使我们研究东道国主权违约对外商直接投资的影响。

二 研究意义

（一）理论意义

发展经济学中的"卢卡斯悖论"提出一个令人困惑的问题，资本为什么不像新古典经济学理论揭示的那样，从资本充裕的国家流向资本匮乏的国家（Lucas，1990）。Reinhart（2004）从主权违约风险角度作出了解释：发展中国家过高的主权违约风险是阻碍资本流入的主要因素，而资本匮乏则导致发展中国家与发达国家之间持久而巨大的收入鸿沟。

但具体考虑东道国主权违约对直接投资形式的国际资本的影响时，研究却远远没有定论。例如，Reinhart（2004）指出，发达国家和 25 个左右的新兴市场国家能得到充足的金融资本输入，余下大批主权违约风险过高的发展中国家只能以吸收援助和外商直接投资形式的外资为主。Albuqueerque（2003）则更明确地提出，财政困难、流动性缺乏的政府可以通过多吸引 FDI 来缓解压力。但 Scheitzer（2002）研究认为，直接投资的外商在主权违约时受到的损失比国际债权人大，因而 FDI 下降的幅度将比国际信贷更大。由于缺乏系统的理论体系与解释范式，主权违约对外商直接投资的影响变得扑朔迷离，出现了正相关、负相关与不确定等截然不同的研究结论。

事实上，主权违约通过哪些渠道影响及如何影响外商直接投资——这个黑箱一直以来都没有完全打开。随之而来的众多实证研究也因缺乏坚实的理论基础及变量和数据选择迥异，导致结果相互矛盾。因此，本研究的第一个理论意义是系统分析东道国主权违约对外商直接投资的影响，在深度上补充已有的主权违约对 FDI 的影响研究，在广度上延伸主权违约影响研究的关注范围。

本研究的第二个理论意义是通过探求东道国主权违约对中国直接投资的影响机理，从理论上解释中国直接投资反而青睐高主权违约风险的发达国家的问题，并丰富发展中国家对外直接投资动机及发展路径理论。

最新的实证研究表明，中国跨国公司与发达国家企业直接投资行为不一致，中国企业并不完全为东道国高政治风险、高腐败程度及法治混乱等恶劣的区位条件所阻碍。甚至有一种流行论调称，中国是以国家政治、经济与外交力量为国有资本攫取海外自然资源开道的"贪婪的龙"（The Economist Intelligence Unit，2008）。

其实，传统国际直接投资理论以发达国家对外直接投资实践为基础，对于理解处于稳定、成熟的制度环境和完善的市场机制中的企业对外直接投资行为比较有效，对解释和预测处于市场机制发展初期的新兴经济体企业对外投资并不完全适用。像中国这样的新兴市场国家大举向海外投资是 21 世纪以后全球直接投资领域的新现象，而源自这些国家的外商直接投资行为一开始就独具特色。只有结合中国制度因素对企业对外直接投资行为的影响，修正传统理论关于东道国主权违约与外商直接投资二者关系的论述，才能更好地解释现实世界提出的新问题。

（二）实践意义

研究东道国主权违约对外商直接投资的影响也具备很强的实践应用价值，对于跨国公司及其母国以及东道国都有非常现实的意义。

国际直接投资者长期被排除在主权债务违约问题处理范围之外，但实际上其创建的跨国公司和参与的投资项目却常因为外资身份，受到违约国政府的"特殊待遇"。因此，本研究将有助于帮助直接投资者预测将会受到东道国违约事件何种类型与程度的影响，辨别短期与长期冲击，及时调整公司战略与策略。

对中国这样的投资母国而言，明确东道国违约对当地中国直接投资的影响更加重要。中国自1979年正式开始对外直接投资以来，对外直接投资在过去十年间发展尤为迅速。2013年，中国对外直接投资首破千亿美元，连续两年位列仅次于美国、日本的世界第三大对外投资国。作为亚洲基础设施投资银行、丝绸之路基金以及金砖国家新开发银行等新的国际金融机构的创始者以及崛起中的资本输出大国，中国资本的海外触角在未来将越来越广泛和深入，所面临的风险会越来越多样化，不确定性也会显著增加。尤其是中国央企及国企的高额海外投入，能否在某些国家的高主权违约风险环境中创造预期利润，需要长周期观察与研究。

本研究也可帮助遭遇资本大幅流出、市场衰退与流动性紧缩的主权违约国选择应对措施，以保住甚至吸引宝贵的外商直接投资。

FDI 是一种权益性融资，它没有明确的偿还日期与利息，不要求债务国政府支付固定数目的货币作为回报，不会让债务国财政状况雪上加霜。更重要的是，FDI 是一种资本、技术和经营管理方式向东道国的综合转移，有利于债务国经济稳定与长远发展。

综上所述，研究东道国主权违约对外商直接投资的影响具有重要的学术价值和现实意义。其中，关于该问题的理论与实证研究已取得部分进展，但还有待于梳理并建立更系统性的解释体系，并在新的现实实践基础上对理论加以验证和完善。对东道国主权违约影响外商直接投资问题的充分研究，可更好地帮助跨国公司及其母国辨明此时所面临的复杂环境，从而作出更及时有效的决策；也可为主权违约风险上升的东道国提供有效吸引外商直接投资的政策建议。

三 概念界定

（一）主权违约

主权违约，一般指主权国家不按借贷时约定的时间、方式或额度等来偿付主权债务的本金或者利息。为了满足复杂的经济活动和科学研究的需要，不同的组织机构和研究者提出了不同的主权违约定义。

标准普尔、穆迪和惠誉——国际三大专业评级机构，将直接违约和债务重组视为主权违约。因为在债务重组中，债权人往往被迫接受比借贷时约定条件更宽松的主权债务偿付条件或（和）更长的偿付时段。

在学术研究上主要有三种有代表性的界定方法。第一种以相当额度的违约债务与债务重组两个条件为判定指标。例如，Detragiache 和 Spilimbergo（2001）提出，主权国家拖欠的债务额超过总债务额度的5%，或者主权国家与债权人达成债务重组安排——两个条件满足其中之一就构成主权债务违约。第二种方法增加国际货币基金组织（IMF）介入为违约指标。比如，Kraay 和 Nehru（2006）将债务违约定义为以下三种情况之一：（1）大额的到期未偿还主权债务；（2）巴黎俱乐部进行的债务重组；（3）IMF 特别贷款。同样的，Manasse，Roubini 和 Schimmelpfennig（2003）将 IMF 提供紧急援助视为债务违约，并定义了援助额度的界限。第三种界定方法以资本市场的表现定义债务违约。Pescatori 和 Sy（2004）提出，当国际债券市场上一国的主权债券利差超过一个界限时，该国可被认作主权违约。随着国际债券市场日渐发达，这种定义方法具有很强的操作性。

本书对主权违约的界定遵从多数学者认同与使用的第一种违约概念，即主权违约包括主权国家对债务直接违约和进入债务重组安排。

（二）外商直接投资

外商直接投资，或外国直接投资，指另一个国家或经济体的投资者对一个国家或经济体进行生产性直接投资，以获得对投资企业的经营管理控制权和利润的一种资本流动。投资者可以是法人，如政府、经济组织、企业等，也可以是自然人。就当前国际直接投资实践来看，跨国公司是最重要的直接投资主体。

外商直接投资是一种经营资源综合体的跨国转移，因此直接投资的投入形式多样，包括资本货币、现钞与机器设备、技术知识、销售方法和渠道等。在统计中，FDI 数据包括绿地投资（又称创建投资）、股权投资、利润再投资、其他资本投资以及母公司与分支机构、分支机构之间的公司内部金融衍生品交易。

其中，直接投资资本流出的国家称为母国或投资国，资本流入的国家称为东道国。同样一种投资行为对双方而言表述不同，对东道国来说是外商直接投资的流入（Inward FDI，IFDI），对母国来说则是对外直接投资的流出（Outward FDI，OFDI）。

控制权的获取和转移是外商直接投资区别于其他国际资本流动的最大特点。国际货币基金组织（IMF，2013）和联合国贸易与发展组织（UNCTAD，2014）规定，跨国投资在海外企业占有 10% 及以上的股权或拥有 10% 及以上的企业投票表决权，才称这种投资为直接投资，否则为间接投资。

四 主要理论基础

在现有的国际直接投资、国际商务以及国际金融理论中，并没有直接可用来解释东道国主权违约对外商直接投资影响的学说。根据本书对主权违约作用于 FDI 渠道的理解，东道国主权违约事件主要通过导致政府征用和引发主权债务危机两种方式影响外商直接投资。因此，东道国征用的相关理论，以及主权债务危机的相关理论，是本研究的理论基础之一。

作为一种生产性资本的跨国流动，外商直接投资以在东道国投资、控股企业或创建企业的方式来获取利润。企业层面的因素，如国际竞争力、投资目的、投资方式、融资能力和从事的行业等，会对外商直接投资具体受到东道国主权违约何种影响产生作用。因此，有关外商直接投资企业层面研究的相关理论也是本书的理论基础之一。

此外，母国层面的因素，尤其是母国制度因素，会通过作用于对外直接投资的资金成本、投资目的等，影响源自该国企业的直接投资行为。因此，有关外商直接投资母国层面的理论及新制度经济学的相关理论是本书的另一理论基础。

（一）东道国征用理论

相对于纯粹的国内投资来说，外商直接投资面临两种风险——汇率风险和政治风险（Clark 和 Jokung，1998）。其中政治风险是一个涵盖内容广泛的概念，指由东道国政治、经济和社会组织的特殊性而产生的变数。它可以来源于多种不同的因素，比如东道国整体经济表现、政治变化、社会动荡或者政府法律和政策的变化。征用（expropriation）则是政治风险中最为戏剧化的一种表现形式。

东道国征用境内外商投资企业资产的高峰期，出现在 20 世纪 60 年代和 70 年代。对当时征用行为的数据搜集与研究主要是由政治学家完成的。

首先，在数据搜集方面，Truitt（1970）是最早研究征用的学者之一，Williams（1975）搜集了 1956—1972 年的征用数据，Kobrin

（1980，1984）则是对征用高峰年代的数据搜集最为全面的学者。Kobrin 整理了 1960—1970 年在 71 个发展中国家发生的涉及 1500 个外商企业的 511 次征用数据，并提出了经典的，也是被引用最为广泛的征用定义和分类方法。随后，Minor（1994）依据 Kobrin 的定义与分类方法整理了 20 世纪 80 年代的征用数据，Hajzler（2010）以类似的方法整理了 1993 — 2006 年的征用数据。

其次，在征用的目标与时间选择方面，Truitt（1970）较早地发现东道国征用行为具有行业选择与母国选择倾向。Truitt 发现来自英美的采矿业和石油业公司遭受最多次数和最大规模的征用。此后，在 Rood（1976）、Kobrin（1980）、Jodice（1980）、Kennedy Jr.（1993）和 Hajzler（2010）等人一系列的研究中，都肯定了征用多针对自然资源行业的观点，并补充了银行与保险等金融行业、公用事业、交通与通信行业具有同样脆弱性的证据。在目标选择成因上，这些行业与企业采用技术的成熟性、较高的沉没成本、涉及经济命脉或国家安全、价格波动幅度大、在高价时期利润较高且回报迅速等，都是研究者提出的可能解释因素。在征用时间的选择上，Duncan（2005）、Guriev 等（2009）等学者的实证研究结果表明，国际大宗商品价格的走高，显著影响相关行业外资企业的被征用概率。

最后，在征用的诱因研究方面，Gurr（1971）认为，东道国政局不稳将提升征用发生的概率。Knudsen（1974）考察了 20 世纪 60 年代 21 个拉丁美洲国家的征用行为，发现国家经济发展目标与最终实现的福利水平差距越大，征用发生的概率越高。Jodice（1980）的研究也提供了国家经济表现与采矿、石油行业征用概率负相关的实证证据。Kobrin（1980）认为，征用本身并不是目的，并非由当时流行的解释——"经济民族主义"或是迎合民众排外心态的政治机会主义导致；征用更多地是东道国为达到国家政治经济目标、增进国家对经济控制权而采用的一种手段，因此外资企业所从事的行业、技术复杂程度、所有权构成、母国身份等因素，均会对其是否会遭遇征用以及遭遇何种程度的征用产生影响。在随后的研究中，Kobrin（1984）提出，发展中国家独立早期常进行野心勃勃的经济计划与改革，一旦遇到现实困难、经济发展目标难以如期实现时，为了避免"期望高涨"的革命变成"失望高涨"的独立后发展进程，东道国常指责外资控制和干预了国民经济，因而倾向于征用外资企业。

20 世纪 80 年代起，征用问题进入了经济学家的研究视野。Eaton 和 Gersovitz（1983；1984；1987）、Gersovitz（1983；1984）和 Eaton 等（1986）的研究将之前属于政治学领域的东道国征用问题引入了经济学领域。其中，Eaton 和 Gersovitz（1984；1987）建立了主权征用的模型，在假设一国产出受随机冲击影响且政府是期望效用现值最大化的理性行为者的基础之上，研究了政府基于成本收益分析的征用决策。随后，Cole 和 English（1991）和 Raff（1992）等学者在 Eaton 和 Gersovitz（1984；1987）研究的基础上，完善与发展了东道国征用的经济学模型。

整体而言，东道国征用的高峰时代至今已过去 40 余年。随着现实中征用事件的发生日益减少，对征用问题的研究从来不是经济学界的热门话题，也不再是目前政治学界重点关注的对象。然而，东道国直接征用，与更隐形的间接征用在现实世界中从未停止（Hajzler，2010），并且其中一部分东道国是既对主权债务违约又对 FDI

征用。因此，有关东道国征用的数据与研究，是本书辨明东道国主权违约对 FDI 影响问题的重要依据与理论基础。

（二）金融危机及主权债务危机形成与传导理论

40 多年来，各种形式的金融危机不断发生，而且影响范围、表现形式和发生时间一次比一次更出乎人们的意料。主权债务危机，作为由国家主权违约或濒临违约引发的对一国以及地区范围内金融与经济的冲击，是金融危机的表现形式之一。关于金融危机为何发生以及如何传导，目前已发展形成系统性的理论。因此，关于金融危机形成与传导的理论，对进行主权债务危机相关方面的研究具有很好的指导意义。

首先，在危机形成的研究方面，Krugman（1999）和 Kaminsky 等（2003）将过去 40 年金融危机的理论分为三代。每一代理论都源自对当时危机爆发缘由的认识，但各有不同的侧重点。

第一代危机理论，也被称为宏观经济基本因素理论，产生于 20 世纪 80 年代。理论认为，危机爆发的深层原因是经济基础薄弱，且政府采取扩张性的宏观经济政策和固定汇率制度。一旦其外汇储备下降到不可支撑的程度，政府就会被迫放弃固定汇率体制，导致本币大幅贬值，从而出现货币危机。同时，汇率贬值使该国的外币债务负担暴增，从而出现债务危机。随着 1992 年欧共体货币危机和 1994 年墨西哥比索危机的爆发，第二代危机理论产生，研究者主要关注投资者悲观预期的自我实现。理论强调，即使一国的宏观经济基本面是健康的，但如果大部分投资者对该国持有悲观的经济预期并将资本撤出，那么将导致一国汇率崩溃，危机自我实现。1997 年东南亚金融危机之后，第三代危机理论开始发展起来。研究者将关注点从公共财政转向了公司、银行等私人经济部门的负债，提出道德风险理论、自我实现的流动性危机和资本流入的突然停止等一系列的解释。

以上三代理论将货币危机、债务危机、银行危机和国际支付危机等作为不可分割的整体现象进行研究。就主权债务危机的成因而言，三代金融危机理论分别侧重的国际支付困难、资本市场恐慌，以及微观领域的各种问题究竟如何发展成为系统性经济与金融危机，从政府、银行、私人企业和资本市场之间动态均衡的角度分析，较为有力地解释了债务国为何最终财政崩溃、丧失偿付外债的能力。

其次，就危机传导的研究方面，归纳 Masson（1998，1999）、Goldfajn 和 Valdes（1997）和 Kaminsky 等（1998）等学者的经典研究可知，金融危机的跨国传导主要通过国际贸易渠道、国际资本流动渠道、经济全球化和自我实现的多重均衡四种机制传导。

金融危机传导的第一种机制，主要通过国际贸易渠道的贸易溢出效应实现。贸易溢出效应指一国遭受投资性冲击产生的货币效应，会恶化另一个（或几个）与其有密切贸易关系的国家的宏观经济，导致另一个（或几个）国家也遭受投资性冲击。贸易溢出效应主要通过价格效应与收入效应来实现，即一国因危机导致的货币贬值一方面提高了该国相对于贸易伙伴国的出口商品的价格竞争力；另一方面危机导致的该国国民收入下降，又会降低其向贸易伙伴国的进口数量。

金融危机传导的第二种机制，主要通过国际资本流动渠道的金融溢出效应实现。金融溢出效应指一国遭受投机性冲击产生的流动性不足，会令金融中介清算在其他市场上的资产，从而导致另一个与其有密切金融关系的市场也产生流动性不足，甚至引发另一国出现类似的大规模资本抽逃。

金融危机传导的第三种机制，主要通过经济全球化的季风效应实现。季风效应指工业化国家经济政策的变化以及国际大宗商品价格的变化等全球性的因素，会引发新兴市场经济体资本的大幅流入或流出，从而导致其货币危机。

金融危机传导的第四种机制，主要通过自我实现的均衡实现传染。当一个国家的金融危机也使另一个国家的经济出现"坏的均衡"，即具有资产价格下跌、货币贬值和资本抽逃等特征时，投资者会对其他类似国家产生类似危机，从而造成投资者情绪的改变与非接触性的"净传染"。当传导强度足够大时，就会导致市场传导机制发生结构性转变，特定国家遭受的冲击因而演变为区域性甚至全球性的冲击。

以上关于金融危机国际传导机制分析的角度和理念，对本书分析主权债务危机在封闭经济条件下的国内传导机制和开放经济条件下的国际传导机制，具有直接的借鉴意义。

此外，关于金融危机的预警和风险评估研究，也是本书介绍主权债务危机的预警和主权违约风险评估研究，以及选择主权违约概率度量指标的理论基础。

（三）国际直接投资动因与区位选择理论

对国际直接投资的研究自 20 世纪 60 年代起步以来，至今已取得较大进展。

首先，在什么样的企业能实现对外直接投资的研究方面，最早由 Hymer（1960）提出了垄断优势理论。该理论认为，拥有市场垄断优势（如产品性能差别、特殊销售技巧等）、生产垄断优势（如经营管理技能、融通资金能力、掌握技术专利与专有技术、通过水平一体化或垂直一体化形成的规模经济等）等企业层面优势的公司，能实现跨国经营。Buckley 和 Casson（1976）的内部化理论则认为，内部化优势驱动跨国公司走向全球，以便在国际市场上实现交易内部化优势。

20 世纪 70 年代以来，随着部分发展中国家对外直接投资活动的迅速发展，催生了关于发展中国家海外投资的理论，以解释不具备技术优势的发展中国家之间以及向发达国家进行投资的现象。其中，Wells（1983）小规模技术理论的提出，首先摒弃了那种企业只有凭借技术领域的垄断优势才能进入国际市场的传统观点。他提出，来自发展中国家的跨国公司的比较优势，一是掌握了服务于小市场的小规模生产技术；二是具有在海外生产民族产品的经验与优势；三是擅长低价产品的定位和行销策略。因此可以对收入水平较低、市场容量不大的发展中国家进行投资，也能够利用种族纽带和人文共性对发达国家投资。随后，有 Lall（1983）根据对印度跨国公司竞争优势的研究，构建了技术地方化理论。Lall 认为，虽然拥有的是劳动密集型技术以及标准技术，但一部分发展中国家跨国公司对其进行了成功的改造与创新，使其适应了相应的国际市场。Cantwell 和 Tolentino（1990）的技术创新升级理论则是对上述两种理论的拓展，他认为，随着工业化程度的提高和产业结构的升级，发展中国家跨国公司也逐渐获得更先进的技术，开始生产高科技产品。

此外，在国际直接投资区位选择方面，Hymer（1960）的垄断优势理论认为，在国家层面，FDI 输出国是拥有垄断优势的发达国家，FDI 输入国则是不具备垄断优势的发展中国家。Vernon（1966）的产品周期理论认为，任何产品都有创造、投产、大规模生产消费，以及最终被新产品取代的过程，因此投资也是从最初制造该产品的国家，依序向其他发达国家、新兴市场国家（或称新兴工业化国家）、发展中国家和其他国家转移。Buckley 和 Casson（1976）的内部化理论认为，交易成本是影响区位选择的重要变量。此后，Kojima（1978）、Wells（1983）、Lall（1983）、Cantwell 和 Tolentino（1990）和 Ozawa（1992）的理论对跨国直接投资的区位选择也各自都有论述。

Dunning（1977，1998）提出的国际生产折中理论集上述理论及研究于一体，分析了企业微观优势需要与东道国哪些宏观区位优势相配合，才能产生直接投资，而不是国际贸易或跨国代理与授权经营。Luger 和 Shetty（1985）提出，除了自然资源、市场规模、基础设施、贸易壁垒等传统区位因素，集聚经济也已成为影响 FDI 区位选择的重要因素，跨国公司倾向于在与其生产经营有前向联系或后向联系的上下游企业集聚区进行直接投资。

以上关于国际直接投资在企业层面驱动因素以及东道国层面的区位选择影响因素的分析，为本书研究不同类型外商直接投资所受到的东道国主权违约不同影响间接提供了理论基础。

（四）企业的制度需求与供给理论

新制度经济学是经济学中的一个年轻学派。直到 20 世纪 80 年代，新制度经济学才作为一个统一的研究学派逐渐形成。新制度经济学是一个由"四大支柱"研究组成的有机体系，这四大研究方向包括：制度的构成与起源、制度变迁与制度创新、制度与产权及国家理论、制度与经济发展之间的相互关系。本书在考虑中国对外直接投资的企业优势形成，以及对直接投资的母国制度进行分析时，依据的主要是制度变迁与创新研究中的制度需求与供给理论。

对制度变化的需求产生影响的外生变量有：相对产品和要素价格、技术和市场规模等，对制度变化的供给产生影响的外生变量有：宪法秩序、现存制度安排、制度设计成本、现有知识积累、实施新安排的预期成本、规范性行为准则、公众态度和上层决策者的净利益等（卢现祥，2003）。与发达国家以市场经济为基础的分散决策型体制相适应，源自这些国家的直接投资主体是私人部门，其往往依靠在长期市场竞争中形成的品牌、技术、经营经验等垄断优势进行跨国经营。中国企业的竞争优势的形成，如标准化产品的大规模制造能力、逆向学习和转化再生引进技术的能力以及与发展中国家政府打交道的能力等，也都与中国本身的制度与市场环境密不可分。

进入 21 世纪，针对源自发展中国家的跨国公司加大对外直接投资的新现象，涌现出一批新的跨学科研究成果。其中，Peng 等（2008）认为，传统对外直接投资理论对于理解处于完善的市场机制和成熟、稳定的制度环境中的企业跨国投资行为较为有效，但对解释处在市场机制发育初期、制度体系也存在较大不稳定性的新兴市场国家企业的对外直接投资行为并不完全适用。新制度经济学的产生、发展则恰好对上述问题形成了补充与拓展。

随着经济全球化的不断加速发展，国际竞争日趋激烈，新制度经济学认为，这在很大程度上是不同制度系统之间的竞争。Wang 等

（2012）将新制度经济学的理论拓展应用到对企业跨国行为的解释中，他提出，企业所处的制度环境是影响其对外直接投资行为和跨国经营表现的重要因素，制度因素会直接影响到企业拥有何种优势以及如何发挥优势，进而最终影响到投资效益。近年，一些针对中国对外直接投资的研究已经开始关注中国制度因素的特殊作用，Amighini 等（2011）、宗芳宇等（2012）、蒋冠宏等（2012）、张中元（2013）和冀相豹（2014）均从不同角度分析了母国或者东道国制度因素对中国对外直接投资的影响。

　　而常被研究者提出的中国跨国公司的融资能力与资金成本优势，其实只为中央或地方政府控股的国有企业所享有。社会主义市场经济体制下的中国，主要所有制形式是生产资料全民所有与集体所有制。在这种制度约束下，如果让国有企业与非国有企业同样去面临一种国际市场竞争，那么竞争失败的后果是各级政府还得解决国有企业的一系列问题，如社会负担、职工失业和上缴利润等。因此，我国政府在经济发展中不仅是制度供给方，还是主要的市场参与者。央企和各级国企作为国家海外利益的代表，肩负市场利润之外的、配合国家发展战略的任务，如实现国家能源矿产资源全球布局、提升技术研发与创新能力以及完成产业提升与转型等，其对母国资源的需求与最终获得的制度供给自然也与私人部门有所不同。

　　因此，上述新制度经济学中关于企业的制度需求与供给的论述，为本书分析发达东道国主权违约对中国直接投资影响提供了不可或缺的理论基础。

五 研究内容和研究方法

（一）研究内容

图 1.1 是本书的内容结构图；图 1.2 是本书的逻辑框架图。

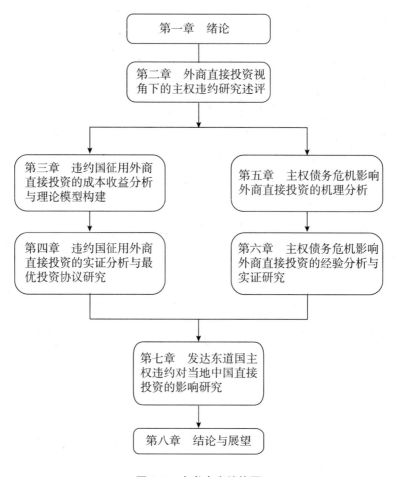

图 1.1 本书内容结构图

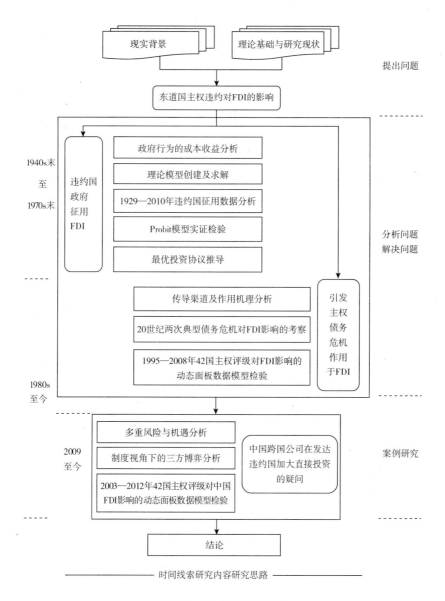

图1.2　本书逻辑框架图

　　本书国家分为绪论章、基于现实与理论研究现状从而提出问题的第二章、分析与解决问题的第三章至第七章，以及总结全文的第八章。研究内容包括：

（1）梳理研究现状与理论基础，辨析东道国主权违约影响 FDI 的线索演进，明确已有研究中存在的突出问题。

（2）明确东道国主权违约以违约国政府征用方式对 FDI 造成的直接影响，解释违约国征用的发生条件。包括主权违约并征用的成本收益分析、理论模型构建与分析、违约与征用国家行为时段数据库建立、现实数据考察分析、提出假设与实证检验，以及抵御违约与征用风险的最优投资协议研究。

（3）明确东道国主权违约通过主权债务危机作用于 FDI 的间接影响。包括主权债务危机影响 FDI 的传导渠道及机理分析；20 世纪两次典型的主权债务危机影响境内 FDI 企业经营与 FDI 流入的经验分析；东道国主权信用评级影响 FDI 流入情况的实证研究以及与其他类型国际资本所受影响的比较。

（4）分析与解释发达东道国主权违约对当地中国直接投资的影响。包括中国在发达地区直接投资特征分析，不同类型中国 FDI 所受发达东道国主权违约多重影响的分析，违约东道国、母国与跨国公司的博弈分析，基于母国制度视角的影响机理分析与假设，以及发达、发展中东道国主权信用评级影响中国直接投资的实证检验与比较。

（二）研究方法

本书采用的研究方法，是为达到研究目的以及更深入地认识研究对象而选取的研究手段。基于东道国主权违约对外商直接投资的影响的复杂性，本书采取多种研究方法，具体如下：

（1）理论建模。理论建模的方法贯穿全文始终。主要应用有：东道国引资与偿付理论模型的构建与计算、分析；主权债务危机影响 FDI 机理的多维度模型分析以及对东道国、母国与跨国公司三方的博弈分析。

（2）计量和数理分析。主要应用有：运用计量经济学研究成果，构建相应的计量模型，如概率回归模型和动态面板数据回归模型，并在实证模型的估计中采用多种计量估计方法，以比对分析不同估计方法的结果。在东道国引资与偿付的理论模型构建与分析中，也采用数理分析，对模型变量赋值并以网格搜索算法求解。

（3）比较分析。主要应用有：比较分析外债和 FDI 分立、与外债和 FDI 联立的两种东道国引资与偿付模型，以东道国违约与征用分别发生的条件为对照，来更深入地了解东道国违约与征用同时发生的条件；比较不同类型 FDI 所受东道国违约的不同影响，比较 FDI 与国际银行净资产、国际证券组合投资形式的国际资本流动所受东道国违约的不同影响；比对实证检验的结果，讨论发达与发展中两类东道国主权违约为何对当地中国直接投资产生不同影响等。

（4）历史分析法与逻辑推理。主要应用有：分别回顾主权违约、征用以及主权债务危机等问题发展的历史和研究历程，分析其中的特征事实，并逻辑推理主权违约影响外商直接投资的形式的变迁和理论发展的脉络，从而更好地掌握研究方向。

第二章　外商直接投资视角下的主权违约研究述评

本章从外商直接投资视角，述评主权违约问题的相关研究。首先，介绍主权违约的悠久历史以及政治学与经济学界相继对其进行研究的历程。接下来，本章介绍对主权违约成因的研究，重点梳理了关于主权违约影响外商直接投资的研究脉络。最后，对已有研究的贡献及存在的突出问题进行分析，针对这些问题，明确本书接下来研究工作的重点。

一　主权违约历史与研究历程

约公元前 400 年，古希腊 13 个城邦中有 10 个拒绝偿还举借自提洛斯（Delos）的债务，这是最早有文字记载的一次主权违约事件（Sturzenegger 和 Zettelmeyer，2006）。在此后漫长的历史时期里，主权违约都与社会动荡、革命甚至战争联系在一起。

欧洲国家的崛起和其后数百年的殖民史，也同时伴随着主权债务发行与发展的历史。几百年前，主要违约国都是发达国家。其中，西班牙创造了发达国家最高违约纪录——19 世纪 7 次违约，19 世纪之前 6 次违约。英格兰、法国、荷兰、葡萄牙、希腊等其他主要欧洲国家也曾多次违约（Reinhart 和 Rogoff，2009）。但发达国家在整个 20 世纪，再没出现过违约，仿佛已经完全从违约记录中"毕业"（Qian 等，2010）。19 世纪与 20 世纪的主要违约国家，是随着殖民时代结束而纷纷独立的拉丁美洲国家和非洲国家。债务问题更是成为严重阻碍撒哈拉以南非洲国家发展的痼疾。

20 世纪以后，主权违约开始缓慢地与政治脱钩，全球经济与政治秩序逐渐进入一个新的阶段。1907 年，海牙国际会议表决通过了解决国际债务问题的协议，并在其中谴责主权国家之间为债务问题发动战争。20 世纪下半叶开始，主权违约引发的战争渐渐成为历史，国际社会尝试通过构建和完善相关法律以保障主权债务债权人与债务人双方的权益。

对主权违约问题的研究可分为两个阶段，从时间上来讲大致以 20 世纪 70 年代末 80 年代初为界。第一个阶段，20 世纪 70 年代末之前，主权违约与否的决策多与政治或战争因素有关，主权违约是政客们谈判桌上的筹码，是政治学家研究的领域。当时国家之间的经济交往并不密切，主权违约并不一定带来主权债务危机，违约的经济成本也比较小，国家较少从经济层面考虑债务违约的影响。债权国强制债务国履约的手段也多是战争或以战争相威胁。例如，英国在 1820—1914 年对拉丁美洲发动 40 余次战争，其中，半数以上的目的是惩罚源自英国的外债违约的债务国。因此，这一时代的主权违约问题并非经济学家的兴趣所在。

第二个阶段，从 20 世纪 80 年代起，就主权债务危机进行的真正的经济学学术研究开始发展起来。当时，主要拉丁美洲国家主权违约事件引发了整个地区的主权债务危机，当时的情况震惊了世界，经济学家们开始埋头研究主权违约的产生原因、传导机制，以及主权债务危机对资本市场的影响和对经济的冲击。随着经济全球化的飞速发展和交通、通信技术的进步，国与国之间的经济联系已密不可分。发生在一国的主权违约不仅令违约国自身蒙受很大的经济损失，导致经济衰退、资本外逃、利率升高等一系列不良后果，还往往对区域经济甚至全球经济产生冲击，构成主权债务危机。因此，一些主权国家以衡量违约行为的经济损益的方式来决定是否违约，主权违约也开始自然演变为经济学界的重要课题。

表 2.1 与表 2.2 分别列出了 1950—2000 年以及 21 世纪初的主要主权违约事件。表 2.1 与表 2.2 显示，首先，主权违约的发生具有显著的地域与时间的聚集性；其次，20 世纪下半叶，主权违约集中在拉丁美洲国家、撒哈拉以南的非洲以及部分东亚、东南亚与南亚国家，欧洲仅有个别转型国家出现主权违约。21 世纪以来，拉丁美洲国家与撒哈拉以南非洲国家仍是违约主力，而欧洲的一些老牌发达国家也在暌违百年后开始出现主权违约问题。

表 2.1　　　1950—2000 年，世界主要违约国家和违约时段

国家	1950—1976	1977—2000
欧洲		
波兰		1981—1994
罗马尼亚		1981—1983,1986

续表

国家	1950—1976	1977—2000
俄罗斯		1991—1997,1998—2000
土耳其	1959,1965	1978—1979,1982,2000—2001
拉丁美洲		
阿根廷	1951,1956—1965	1982—1993,1989
巴西	1961,1964	1983—1990
智利	1961, 1963, 1965, 1972, 1974—1975	1983—1990
厄瓜多尔		1982—1995,1999—2000
墨西哥		1982—1990
巴拿马		1983—1996,1987—1994
秘鲁	1976	1978,1980,1984—1997
乌拉圭	1965	1983—1985,1987,1990—1991
委内瑞拉		1983—1988,1990,1995—1997
亚洲		
印度	1958,1969,1972—1976	1989—1990
印度尼西亚	1966—1970	1998—2000
韩国		1997—1998
缅甸		1997—2000
菲律宾		1983—1992
斯里兰卡		1979,1981—1983
泰国		1997—1998

续表

国家	1950—1976	1977—2000
非洲		
阿尔及利亚		1991—1996
安哥拉		1985—2000
中非		1981,1983—2000
科特迪瓦		1983—1998,2000
埃及		1984
肯尼亚		1994—1998,2000
尼日尼亚		1982—1992,1986—1988,1992
南非		1985—1987,1989,1993
赞比亚		1983—1994
津巴布韦	1965—1974	2000

数据来源：据 Reinhart（2010）图 1—70 整理。

表 2.2　　　　21 世纪初，世界主要违约国家和违约时段

国家	2001—2010	2011—
欧洲		
冰岛	2007—2010	
希腊	2009—2010	2011—2012
西班牙	2010	2011—2012
葡萄牙	2010	2011—2012
爱尔兰	2010	2011—2012

续表

国家	2001—2010	2011—
意大利	2010	2011—2012

拉丁美洲

阿根廷	2001—2005	
多米尼克	2003—2005	
厄瓜多尔	2008	
格林纳达	2004—2005	
苏里南	2001—2002	
乌拉圭	2003	
委内瑞拉	2004—2005	

亚洲

迪拜	2009—2010	
印度尼西亚	2002	
缅甸	2001—2009	

非洲

安哥拉	2001—2003	
喀麦隆	2004	
中非	2001—2009	
科特迪瓦	2001—2009	
肯尼亚	2001	
马达加斯加	2002	

续表

国家	2001—2010	2011—
尼日利亚	2001,2004—2005	
津巴布韦	2001—2009	

数据来源：据 Reinhart 和 Rogoff（2009）和栾彦（2012）整理。

二 主权违约的成因研究

导致主权违约的原因在经济学、政治学等多个学科领域内得到广泛关注。经济学家关注什么样的汇率、货币、金融、贸易或市场因素导致了主权违约；政治学家则将政权性质、执政者任期、道德与声誉等因素融入对主权违约抉择的分析中。

Schnitzer（2000）根据主权是否具有偿付意愿，将主权违约区分为策略性违约（Strategic Default）与流动性违约（Liquidity Default）两种类型。他指出，策略性违约指债务国可能有能力偿付债务，但却不愿意偿还；流动性违约指债务国愿意偿付债务，却因为国家财政资源匮乏、流动性缺失而不具备偿还能力。

（一）偿付意愿

众多研究主权违约的学者均指出，偿付意愿在主权违约与否的决定中占重要位置（Cantor 和 Packer，1996；Jüttner 和 McCarthy，2000；Claessens 和 Embrechts，2003）。私人部门会因能力问题而违约，但理论上，对于一个主权国家来说，能力问题一般不是真实的问题。在相当长的历史时期里，主权政府为政治、军事、意识形态等原因而违约；当代的主权政府也可能在计算偿付的成本收益后，发现违约更利于自身利益最大化，从而选择违约——而这些政府都不一定缺乏偿付能力。

因此，主权债务的违约有时候也是偿付意愿的问题。而主权政府的债务往往缺乏外来的有效担保，主权本身通常被预设为最终担保人；主权政府如果不履行债务，债权人可能得不到任何补偿，或者只是有限的法律意义的赔偿。

（二）偿付能力

近40年来，偿付能力而非不易准确测定的偿付意愿，是更受经济学家关注的主权违约成因。这40年来的主权违约也因往往导致当事国严重的经济衰退和资本外逃，而被称为主权债务危机。关于金融危机为何及如何发生，已发展形成系统性的三代金融危机理论（Krugman，1999；Kaminsky，2003）。这为了解国家偿付能力缺失从而酿成债务危机，有很好的指导意义。

在主权债务危机的研究视野中，近40年来主要的债务危机主要有：20世纪80年代初的拉丁美洲主权债务危机、1994—1995年墨西哥比索危机、1997—1998年的东南亚金融危机中部分国家的债务危机、1998年俄罗斯债务危机、2001年阿根廷债务危机和2010年开始出现的欧洲主权债务危机。总的来看，引发这些国家偿付能力缺失的因素可以分为内外两个方面：内因如脆弱的金融体系、过度贷款和糟糕的投资质量等；外因如世界经济的不利冲击、国际利率攀升和国际大宗商品价格的涨跌等。这些债务危机多伴随有本币严重贬值、通货膨胀高涨和银行破产等事件，以及货币危机、银行业危机等多种金融危机形态。

三　主权违约对外商直接投资的影响研究

考虑主权违约对国际投资的影响时，最初的研究聚焦在以直接贷款或者购买债券的借贷方式给主权国家的国际债权人产生的影响上。学者们就主权违约开始、发展和处理过程中，违约国、国际债权人以及国际机构之间的多方博弈进行了充分研究（Sachs，1989）。20 世纪 90 年代晚期，主权违约的证券市场影响研究开始活跃起来。Kaminsky 和 Schmukler（2002）、Hooper、Hume 和 Kim（2008）等研究者均指出，主权违约使违约国及区域国家内金融市场产生波动，从而影响国际证券投资者的投资回报。

目前，针对主权违约对国际信贷投资、国际证券投资等间接金融投资的影响的研究线索清晰、成果较为丰富，而真正从外商直接投资视角探寻主权违约影响的研究还很少。少数涉及该问题的学者更多的是从其他学科的研究中获得灵感、借鉴成果。

尽管研究主权违约与外商直接投资关系的文献不多，但归纳起来，还是有沿两种思路展开的研究成果可以借鉴。第一种思路是以政府对外商直接投资的征用（expropriation），作为研究违约国政府行为与 FDI 的联结点（Eaton 和 Gersovita，1984，1987；Thomas 和 Worrall，1994；Picht 和 Stüven，1991）。第二种思路集中讨论主权违约事件对流入该国的国际资本组成结构的影响（Gersovitz，1983，

1984；Scheitzer，2002；Albuqueerque，2002）。受这两种思路的研究成果启发，本书认为，东道国主权违约影响 FDI 主要通过以下两种渠道：违约国政府以征用方式直接影响 FDI；违约事件引发主权债务危机，债务危机再以相应传导机理作用于 FDI。下面分别结合相关研究文献予以分析。

（一）违约国政府征用外商直接投资

1. 政府征用的界定与行为特征研究

（1）征用的定义与分类

征用一般被界定为政府在没有给予对方合理补偿的情况下，占有公司资产及其投资回报的各种行为（Kobrin，1980；Kennedy，1992；Minor，1994）。那么，对外商直接投资的征用，则是东道国政府在未给予外商公平合理的补偿时，占有外资公司资产和投资回报的行为；而这部分资产及产出在外商和政府原始协议中，本应属于直接投资的外商所有。国有化（nationalization），或者说没收（confiscation），则是征用行为中的一个类别，指政府将攫取的公司资产完全收归国家控制与经营。

Schnitzer（2002）区分了两种征用行为：一种是易辨认的"完全国有化"（outright nationalization），即政府对外资企业的彻底征用；另一种是隐性的"缓进征用"（creeping expropriation），即东道国政府给企业投资回报造成负面影响的行为，如税则变化、增收特定进出口税或其他增加投资者负担等不涉及企业控制权转移的要价行为。类似地，Duncan（2006）认为征用包括以下三类行为，分别是：

①夺取企业资产，以采矿业为例，夺取企业采矿设备、矿业资源储备、采矿权等；②强制企业将股权出售给政府或东道国本土公司；③增加对企业收入或利润的征税。Duncan（2006）强调，只有针对外资身份的企业或外资高度集中的行业增税，而不是整个国民经济范围内的税则税率变化，才可视为对外资企业的征用。

因此，东道国对外商直接投资的征用其实可分为两种类型：

一种是明确的显性征用，指政府以涉及企业所有权的措施直接占用外资企业资产且不给予合理补偿。显性征用表现为两种形式：一是完全征用，如彻底的资产国有化；二是部分征用，如夺取外资企业部分资产、强制其低价出售部分股权、强制重订投资协议或重议条款等。主权政府的显性征用与否认债务的倒债（repudiation）相仿，都是主权对国际投资者资产所有权的明显侵犯，通常会引发国际制裁和惩罚。

另一种是不易辨认的隐性征用，指政府以不涉及企业所有权的措施隐性侵占外资企业投资回报，且不给予合理补偿。隐性征用表现为针对企业外资身份的税则税率变化、特殊的进出口规定、用汇换汇限制、利润汇出管制、许可与经营权撤销以及禁止境内私人部门偿付外债等多种形式。主权政府的隐性征用是为攫取特定投资项目回报而进行的专门设计，并未明确侵犯跨国贸易与投资的协定，因而以国际制裁手段惩罚隐性征用比较困难。理论上，国际投资者可以利用企业控制权来保护投资回报，如将生产与投资转移到国外。

在本书的后续研究中，除非特别声明，征用均指明确的显性征用，不包括难以辨认与统计的隐性征用，以保证数据的被认可度以及可得性。

（2）征用的行为特征

为了了解征用的范围、程度以及在何时可能发生，一系列研究集中搜集了主权政府在 1960—2006 年的征用记录（Kobrin，1980，1984；Minor，1994；Hajzler，2010）。研究将一年中某一国对某一个行业任意数目企业的征用记为一起或一次，作为征用频次的衡量。记录表明，在 1960—1979 年发生了 560 起征用；1980—1986 年发生了 16 起；1993—2006 年发生了 49 起。值得注意的是，这些研究记录的绝大部分是显性征用而非不易辨别的隐性征用。表 2.3 展示了 1989—2006 年，对 FDI 实施征用的主要国家及征用的时间、部门。

表 2.3　　1989—2006 年，实施征用的主要国家和征用时间、部门

国家	年份	部门
欧洲		
俄罗斯	2006	石油行业
塞尔维亚	1999	制造业
拉丁美洲		
安提瓜和巴布达	2002	服务业
阿根廷	2001	服务业
玻利维亚	2000,2005,2006	公用事业,石油行业
多米尼加	1994	公用事业
厄瓜多尔	2006	石油行业
墨西哥	1995,1998,2001	制造业,服务业

续表

国家	年份	部门
委内瑞拉	2001,2002,2005,2006	农业,制造业,采矿业,石油行业,服务业
亚洲		
阿塞拜疆	2005,2006,2006	石油行业,制造业,公用事业
格鲁吉亚	1996	服务业
印度尼西亚	1998,1998	公用事业
哈萨克斯坦	1992,1999,2002	石油行业,公用事业,采矿业,服务业
吉尔吉斯斯坦	2004	采矿业
斯里兰卡	1990	制造业
土库曼斯坦	1998	石油行业
乌兹别克斯坦	2006	采矿业
也门	2005	石油行业
非洲		
刚果(民)	1993,1997,1998,1999	制造业,服务业,采矿业
科特迪瓦	2003	服务业
埃及	1989,1991,1995	服务业
肯尼亚	1998	建筑业
莱索托	1992	采矿业
津巴布韦	2004,2005	农业

数据来源：据 Hajzler（2010）整理。

Truitt（1970）、Kobrin（1980）、Jodice（1980）、Duncan（2006）和 Hajzler（2010）通过对征用数据的研究，揭示了以下一些特征事实。

其一，不管以频次还是以涉及 FDI 金额计算，征用的最高峰都是 20 世纪 60 年代和 20 世纪 70 年代早期。Williams（1975）估计，1956—1972 年，40 个发展中国家征用的 FDI 额度达到 1972 年为止所有发展中国家 FDI 存量的 19%。即使是据 Kobrin（1980）更保守的估计，1960—1976 年，也有（以 1972 年存量计算）全体发展中国家 FDI 的 4.4% 遭受征用，而这还未包括 Williams（1975）数据中古巴在 20 世纪 50 年代的大规模国有化行动。

20 世纪 80 代之后，征用频次急剧下降。80 年代征用几乎销声匿迹的现象也可以初步地解释为之前几十年中，几乎所有脆弱而易于征用的外商资产已经被统一没收完毕。20 世纪 70 年代晚期和 80 年代早期，发展中国家开始参与协商和签署主要的多边投资协定，这既反映了这些国家对引入新的直接投资的期盼，也可以部分地解释当时征用的减少。但自 20 世纪 90 年代中期以来，征用在拉丁美洲、中亚和中东欧地区又开始屡有发生。

其二，自 20 世纪 60 年代以来至今，对自然资源采掘业尤其是采矿和石油行业 FDI 的征用最为多发。此外，公用事业、交通和通信行业也是遭遇征用较多的部门。对政府征用的行业选择偏好有如下两个角度的解释：第一，采用的技术相对简单、专业化和复杂程度也较低的行业易遭征用，这样东道国可以较容易地接手经营生产。同理，前期沉没成本较高的行业也更多地成为征用目标。第二，从国家政治经济独立性和国家安全角度来说，某些行业有特别的政治敏感性。政治与社会思潮变动或经济发展不如人意时，这些敏感行业的 FDI 就容易受到冲击。

其三，资源价格的水涨船高会增加征用的可能性。该论断即使对澳大利亚和加拿大这样的发达国家也适用。研究者认为，这一点证明，对所攫取资源价值的衡量在东道国政府征用与否的决策中起重要作用。政府征用不仅仅反映了政治与意识形态的转变，在某种意义上更是政府的机会主义行为。

2. 违约国政府征用 FDI 的研究

(1) 违约国政府征用 FDI 问题的提出

就目前已知，率先在研究主权违约时提出 FDI 也存在被征用可能性的是 Eaton 和 Gersovitz（1984）。二者建立了存在征用可能性时的资本流动模型，认为潜在的直接投资者会修正投资计划以避免征用发生，且征用对政府与投资者双方效用来说都是次优的方案，它与主权违约共同构成了对资本完全流动的扭曲和偏离。而在此之前的经济学家通常只关注主权违约对国际信贷的影响，把跨国公司此时面临的违约国政府征用视为政治学研究范畴。Eaton 和 Gersovitz（1987）进一步提出，FDI 面临的征用干扰与国际信贷面临的主权违约可以相互对照并比较地进行研究。

Picht 和 Stüven（1991）也明确指出，一国在对外债违约后还可能继续征用 FDI。他们认为，主权违约不应仅仅被看作一个流动性问题或者是清偿问题，还需要考虑到国际直接投资者和国际债权人一样，会受到债务国政府机会主义行为的干扰；所以，当时流行的"债换股"债务解决方案在后续执行中也可能因 FDI 同样面临违约国征用干预而陷入困境。

克鲁格曼和奥伯斯法尔德（1998）同样敏锐地观察到，主权违约对外商直接投资的直接威胁并非来自债务拖欠，而是来自东道国国有化和没收其资产的危险。

主权违约时，政府不仅单方面不履行公共部门债务，还常阻止其国内私人部门偿付债务（Wang，2009），或制定针对外资企业的特殊规定与税则（Eaton，1983；Eaton 等，1986；Gersovitz，1984），如颁布特殊的进出口商品门类和额度规定、实施外汇管制或对跨国公司利润与资本汇回实施限制。

Schnitzer（2002）将这些不涉及直接投资的控制与管理权但隐性地侵占跨国公司利润的措施称为东道国"缓进征用"。他认为，国际直接投资者受到的"缓进征用"是不易发现也无处申诉的，而 FDI 本就不享有外国债权人那样明确约定的本金和利率，也不受国际资本市场制裁违约国手段的保护，又无法迅速退出经营，所以 FDI 在违约国的风险敞口比其他国际资本更大，FDI 下降的幅度也将比国际信贷更大。Hausmann 和 Fernández‐Arias（2000）认为 FDI 的流动性低于债权类资产，因此也认为 FDI 对东道国干预更为脆弱。

（2）FDI 对违约国政府征用风险的抵御

Eaton 和 Gersovitz（1984；1987）、Thomas 和 Worrall（1994）等从采用技术的复杂程度、资本来源与产权结构等方面进行考虑，具体研究 FDI 具体可采用哪些方式降低东道国征用其资产的可能性。

Spiegel（1994）和 Albuqueerque（2002）认为，外国债权人与主权政府的债务协议缺乏担保和强制执行补偿的条款，反而是外商投资企业拥有一些不易征用、难以异化的资产如品牌、专利、管理技巧等，并且有的外商投资企业还是风险分担型的共有所有权结构。所以，他们的研究认为，国际直接投资者面对主权违约时所期待的风险溢价要比国际债权人低，对东道国的财政状况敏感度并不高，因此财政困难、流动性缺乏的政府反而可以通过多吸引 FDI 来缓解压力。

可以发现，在比较不同类型国际投资所受影响的大小与程度方面，Spiegel（1994）和 Albuqueerque（2002）的研究结论与 Schnitzer（2002）、Fernández – Arias 和 Hausmann（2001）的结论直接相悖。这也说明，目前缺乏分析主权违约如何影响 FDI 的适用框架。

（二）引发主权债务危机作用于外商直接投资

在世界经济历史上，特别是 20 世纪以前各国经济处于相对独立阶段时，主权违约并不一定带来主权债务危机。随着经济全球化以空前的速度和规模发展，近 40 年来的主权违约事件常常导致违约国及邻近地区金融动荡和实体经济严重衰退，从而被称为主权债务危机。主权债务危机是在具有当代特点的宏观环境下产生和传导的。这些特点包括金融自由化、经济金融化、金融虚拟化和经济全球化等内容。正是当代的宏观经济与金融环境为主权债务危机在一国之内及多国之间的传导敞开了大门。

截至目前，在研究债务危机或金融危机的文献中，主要的债务危机事件先后有 20 世纪 80 年代的拉丁美洲主权债务危机、1994—1995 年墨西哥主权债务危机、1998 年俄罗斯主权债务危机和 2009 年年底开始的欧洲主权债务危机。

1. 主权债务危机的影响研究

（1）主权债务危机对违约国的影响

研究者主要从危机国金融市场、金融机构、实体经济和政权声誉四个方面，考察债务危机对违约国的负面影响。

第一，对危机国金融市场的负面影响。债务危机对本国金融市场影响的一个方面，就是会诱发或伴随有货币危机（或者称为外汇市场危机）。Reinhart 和 Rogoff（2010b）发现债务危机与货币危机之间存在着密切联系，具体来说，84% 的发展中国家的债务违约诱发了本国的货币危机，而 66% 的货币危机也会引发该国的债务危机。另一个方面是对危机国资本流动和资产价格的负面影响。大量关于主权债务危机影响证券市场的实证研究也证实了这点。如，Kaminsky 和 Schmukler（2002）检验了 16 个新兴市场国家主权评级变化的影响，发现评级下调 1 级导致股票回报平均下降 1 个百分点；Christopher、Kim 和 Wu（2012）报告了评级信息对新兴市场股价的长期影响。不仅仅是发展中国家；Klimaviciene 和 Pilinkus（2011）研究了欧盟 8 个中东欧国家信用评级后同样发现，一个中东欧国家评级的调整对其他中东欧国家股价均有负面影响。

第二，对违约国金融机构的负面影响。违约国金融机构的危机主要表现为银行业危机。银行业危机和外债危机之间的相互影响，即第三代金融危机理论中双危机模型研究的主要内容。违约国银行业危机常与债务危机互为因果。前者常诱发后者，但主权债务危机一旦爆发，又将反过来加重本国银行业危机的程度与范围。金融机构受到的负面影响主要表现在，首先，金融机构因持有大量主权债务和顺周期行业信贷而面临较大风险；其次，违约国银行业融资困难。

第三，对违约国实体经济的负面影响。一国的金融是其经济发展的核心，金融危机必然会给实体经济带来严重的冲击。爆发主权债务危机的国家与地区的经济增速普遍受到沉重打击。对债务危机影响实体经济渠道的最早研究可以追溯到 Fisher 的"债务——通货紧缩"理论。本书从以下三个方面分析影响的普遍渠道：首先，债务危机导致国内投资减少，形成"经济衰退——失业增加——收入下降——消费和投资不足——经济衰退"的恶性循环；其次，有的违约国选择以增发国内债券或增加本币供应以转嫁外债，那么国内通货膨胀的形成也会抑制实体经济发展；最后，国内投资率下降和银行业危机导致的信贷紧缩都不利于经济复苏和发展，经济增长缓慢成为必然。

第四，对违约国政权声誉的负面影响。主权债务本身并没有有效的外来担保，主权本身就被预设为最终担保人（Jüttner 和 McCarthy，2000）。因此，当一国濒临主权违约或已经违约，并遭遇主权信用评级下调时，给外界传递的不仅仅是关于该经济与财政的负面信息，还会引发外界对国家政权信誉与信用的深层质疑。此外，主权债务危机发生机理中的重要一环，也是危机国政策选择中蕴含的道德风险。债务危机爆发使这些国家过去政策选择中的失误、错误甚至欺骗变得无所遁形，造成违约国政权与执政党、执政者声誉的损失。

当然，债务危机也会给违约国带来相应机遇，如有利于违约国加大出口创汇，推进产业结构调整和财政政策调整。

（2）主权债务危机对其他国家的影响

20 世纪 70 年代以来，全球经济与金融形势发生了重大变化。全球生产、贸易与金融市场的参与者遍及世界几乎每一个角落，经济一体化与金融一体化的程度逐步加深。随之而来的是金融危机在不同金融领域、不同地理空间的快速传导与扩散。

其中，一国的主权债务危机不仅会在危机国国内传导，也会冲破国家的界限，形成开放经济条件下的影响。根据 Masson（1998，1999）、Goldfajn 和 Valdes（1995）、Kaminsky 等（2003）等研究者的论述，国际贸易、资本流动和资产价值及心理预期三方面的变化是传导危机的关键变量。

2. 主权债务危机作用 FDI 的机理研究

根据主权债务影响研究的进展，可以推导出主权债务危机不仅会通过金融市场、金融机构、实体经济、东道国政策、贸易和预期机制，影响境内 FDI 的流动与运营，还会随着主权债务危机影响的跨国传递，在危机输入国内部以同样机制影响该国 FDI，从而使整个区域内国家或与危机国金融、贸易关联密切的其他国家的 FDI 流动与 FDI 企业运营均发生变化。但实际上违约国境内外商直接投资的来源国、从事行业与企业特征等千差万别，很难对 FDI 受主权债务危机的影响做统一论断。学界目前也缺乏研究主权债务危机传导并作用于 FDI 机理的系统工作。

每次债务危机爆发后，都会涌现一批关注外商直接投资在违约国境遇与行为的案例研究和描述性分析，经验知识的积淀并不匮乏。比如，Krugman（1998）研究了亚洲金融危机中外商直接投资大量涌入的所谓"抄底"行为，认为其原因一方面是之前国内过度借贷、资本充裕导致的资产价格虚高、外资难以进入；另一方面也是因为危机爆发后产生的国内流动性缺乏和资产价格下跌。蓝茵茵、罗新星（2014a；2014b）则在尝试构建主权违约影响 FDI 的分析框架后，根据中国在发达地区直接投资的进入模式、投资主体、投资动因、从事行业的区分，具体分析了各类中国企业受到欧债危机何种程度和性质的影响。这部分研究为本书分析债务危机对 FDI 作用机理提供了重要借鉴。

（三）主权违约对外商直接投资影响的实证研究

关于主权违约对外商直接投资影响的实证研究不多，下面列举这方面已知的工作。

部分研究以一国是否在巴黎俱乐部进行过债务重组谈判来衡量主权是否违约，关注违约是否影响源自债权国的 FDI 流入。例如，Fuentes 和 Saravia（2010）考察了 1980—2003 年在巴黎俱乐部进行过官方债务谈判的债权国对债务国的直接投资数据，发现债务国会受到源自债权国 FDI 减少的"惩罚"，且越靠近违约时期、违约次数越多的债务国面临的 FDI 减少越明显。

更多的研究在以外部评级机构发布的主权信用评级衡量主权违约风险的大小后，关注这一指标对债务国 FDI 流动规模与流动方向的影响。田益祥和陆留存（2011）考察了 48 个新兴经济体 1996—2009 年主权信用评级变动对境内国际资本流动的影响，认为主权评级对 FDI 等国际资本流动均具有非对称效应，即评级下调时资本大幅流出、评级上升时则没有显著影响；其中，FDI 的反应程度高于国际组合投资，低于国际银行净资产。蓝茵茵和罗新星（2015）基于对 2003—2012 年中国与全球在 42 国直接投资面板数据的实证研究与比较，发现主权信用评级下调、遭遇全球 FDI 冷遇的发达国家反而越来越吸引源自中国的 FDI 流入，但中国 FDI 和全球 FDI 同样规避评级下调的发展中国家；并尝试从母国制度及投资动因视角解释中国对外直接投资的差异化行为（蓝茵茵和罗新星，2016）。

四　简要述评

（一）对本研究的启发

主权违约问题的研究历程漫长。随着国家违约成因和影响的形成与作用领域变化，主权违约研究在 20 世纪 70 年代末 80 年代初，开始从政治学领域课题演变成经济学领域的研究课题。

随着时间变化，主权违约影响 FDI 的渠道演进如下：

20 世纪 70 年代末之前，一国违约与否的决策多与政治或战争因素有关，引发的后果则是源自债权国的战争威胁。此时，违约国对 FDI 的潜在影响主要是政府征用。政治学家就主权对外债违约和政府对 FDI 征用两种行为分别进行了充分研究。直到 20 世纪 80 年代初，部分经济学家才开始从主权违约视角观察违约国的征用行为，并将此时债权人受到的违约影响与 FDI 受到的征用影响相互对照地进行研究，同时考察了 FDI 抵御违约国征用的方式。这部分研究是本书研究违约国征用 FDI 的出发点与理论基础。

20 世纪 80 年代起，随着当代经济与金融环境的发育，偿付意愿是更受经济学家关注的主权违约成因，而这 40 年来的主权违约事件也往往引发主权债务危机，影响违约国的金融、经济与政权声誉等方面。关于主权债务危机形成与影响的研究成果丰富，关注其中 FDI 境遇与行为的经验分析较多，为本书分析主权债务危机对 FDI 作用机理提供了参考。

考察东道国主权违约影响外商直接投资的已有研究，并结合对主权违约成因与影响研究历程跨时期与跨学科的梳理，本书将主权违约影响 FDI 的线索与渠道演变总结如图 2.1。接下来的研究将沿这两条随时间演进的线索展开，分别研究违约国政府征用 FDI 的决策，以及主权债务危机作用于 FDI 的传导渠道及机理。

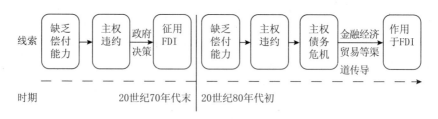

图 2.1　不同时期主权违约影响 FDI 线索的演变

上述对时期与影响线索的区分不是绝对的。比如，虽然征用的最高峰出现在 20 世纪 60 年代和 70 年代早期，在 70 年代末以后则越来越少见，但如表 2.3 所示，即使在 1989—2006 年，相当的国家仍然对 FDI 实施征用。再则，在 20 世纪 80 年代后主权违约所引发的主权债务危机中，也存在违约国通过"缓进征用"政策渠道作用于 FDI 的部分，包括特殊的进出口规定、资本汇回限制和外资企业准入条件及税率变化等。

（二）存在的突出问题

然而，已有研究仍在上述两条线索的关键链接处不完善，具体有：

（1）缺乏对违约国政府在何种条件下会征用 FDI 的系统性阐释

研究者发现主权对国际债权人违约时，同时还可能以征用等手段干预境内外商直接投资，迈出了连接主权违约与外商直接投资的关键一步。但关于这一问题的研究刚起步，有影响的研究成果不多。其中，大部分研究尚不区分与主权债务违约同源的政府干预与 FDI 面临的一般政治风险的异同；研究更未辨明违约债务国干预 FDI 行为的关键规律，比如，什么动因的违约、什么样的违约国更有可能干预境内外资企业？哪些类型、行业或来源国的外资又更容易遭遇债务国政府的"特殊待遇"等问题。

（2）缺乏理解主权债务危机如何作用于 FDI 的分析框架

研究者意识到主权债务危机会影响境内正在运营中的外商直接投资企业，即跨国公司，也会影响 FDI 的流入，并为此积累了不少案例研究和描述性研究。现有研究提供的答案可以描绘出真实世界的一部分的运作图景，但并不能为完全的解释和预测提供命题框架。

（3）对实证研究结果的解释比较浅显

这一方面是由于理论框架的缺失，另一方面也是因为实证研究本身只进行到国家层面。一国 FDI 的流入通常是成千上万个跨国公司自主行为的结果，很难根据仅区分来源国的数据揭示东道国违约究竟如何影响 FDI。

本书接下来研究工作的重点就是解决上述问题。

五　本章小结

本章主要从外商直接投资视角，述评主权违约历史与研究历程、主权违约成因的研究以及主权违约对外商直接投资影响的研究。

本章的第一个贡献是，将东道国主权违约对 FDI 的影响分为违约国政府以征用 FDI 实施的直接影响和通过引发主权债务危机形成的对 FDI 的间接影响两种类型。即根据从现实世界发展与文献梳理工作中受到的启发提出：一方面，主权违约对 FDI 的直接威胁源于违约国征用其资产以及隐性侵占其利润的"缓进征用"措施的危险；另一方面，自 20 世纪 80 年代初以来，主权违约更多地以引发主权债务危机的形式，对 FDI 的流入与运营造成普遍负面影响。

本章的第二个贡献是，指出已有研究在影响线索的关键链接处不完善，由此明确本书的研究方向，即解决两条影响线索的链接问题：一是对违约国政府在何种条件下会征用 FDI 进行系统性阐释；二是构建主权债务危机作用于 FDI 的渠道及分析机理框架。

第三章 违约国征用外商直接投资的成本收益分析与理论模型构建

已有研究关注到了主权对外债违约时也可能征用 FDI 的事实，并比对分析了违约与征用两种行为及其影响之间的异同，并为回应当时现实提出的新问题，如"债换股"这样的债务重组方案是否合适提供了理论依据。但已有研究忽略了对违约与征用二者之间有机联系的深入分析，因而不能解答一个关键问题：为何有些主权违约时会对境内 FDI 实施征用，二者同时发生的条件是什么？本章的主要任务，就是在比较与分析这两种背约行为成本收益的基础上，构建与求解理论模型来回答这一问题。

一 主权违约与征用的成本收益分析

自 20 世纪 80 年代起，主权违约与征用问题进入经济学家的研究视野。大部分学者均假设，政府的违约与征用决策源自对行为成本收益的权衡。以下就东道国违约与征用的收益与成本做一般性分析。

一般而言，借贷协议通常明确规定了债权人获得的固定偿债额度，股权投资协议通常只规定投资者获得的利润份额。当然，在现实世界中，跨国的借贷与股权投资协议形式复杂多变。例如，借贷可以通过债券融资、银行贷款和官方贷款等多种方式进行，那么，在以各种货币形式和偿付期限发行的国际债券中，就有偿债额以通胀水平指数化的、随商品价格或债务国 GDP 水平变化的债券类型（如 2005 年进入重组程序的墨西哥、保加利亚和阿根廷的布雷迪债券）。类似地，股权投资协议在东道国与国际投资者的成本和收益划分中也有多种具体形式。本章的分析将忽略具体形式的变化，专注于考察简化的、纯粹形式的外部借贷协议与外商股权投资协议，以获得一般性的结论。

（一）违约与征用的短期收益

假设一个简化的外部借贷协议，其中约定债务国无论经济状况好与坏，还款必须以固定数额偿付外部债权人。那么，在债务国经济繁荣时，决策者将不大可能考虑对该债项违约。一旦经济衰退、政府税收及各项收入下降，而就业恶化等又导致政府福利支出负担加重，决策者就有可能截留外债本息，不按时按量偿付外部债权人。

但一国违背外商股权协议的条件，与上述分析中违背外部借贷协议的条件有所差异。假设一个项目的 FDI 协议中约定直接投资者获得项目利润的一定份额，因此该额度实际上是随整体经济状况和具体项目完成情况的变化而变化的。那么，此时征用与否的决策取决于东道国对"绝望"与"机会主义"两种诱导力量的衡量（Cole 和 English，1991）。如果东道国经济衰退，决策者就有可能出于

"绝望"而征用 FDI 项目或回报，尽管此时的回报也会随经济状况下降。另外，如果经济繁荣，决策者也有可能想在水涨船高的 FDI 回报中获得更多份额，从而出于"机会主义"征用 FDI 。在下一章征用模型的构建中，将把东道国对这两种征用诱导力量的衡量归纳为受决策者风险规避程度的影响。

（二）违约与征用的长期收益

东道国从违约与征用中获得的收益，通常在两种背约行为发生之后仍可持续相当长的时间。通过对外债完全违约，国家可以获得从违约当下至未来的全部本金及利息；通过对 FDI 完全征用，国家可获得项目所有权及项目从今往后的全部收益。

具体分析，FDI 与外部债务不同，它是直接投资者的资金、设备、管理经验、技术、专利、人才、品牌和营销渠道等向东道国的综合转移。其中，部分要素的转移是不可逆转的。比如，已经在项目运作中经过了充分培训和实践的本土员工，在项目被征用后仍可继续留任工作。如果此类不可撤销的要素转移在 FDI 中占比较大，那么东道国征用后的未来收益也会较为可观。但有些类型的要素转移是需要反复进行的。比如，有些上游产品和零部件只有该跨国公司在别国的分支机构才能供给，或者是有些管理技能和核心技术仅由公司总部或者其派驻人员掌握。如果这一类需要反复投入的要素在该 FDI 项目中占比较大，尤其是当跨国公司预见到征用发生，因而早已在要素投入中做好保护性规划的情况下，东道国征用后所获收益将显著降低。

（三）违约与征用的成本：未来难以获取外资

如果违约与征用没有成本，国家会一直对外债违约并且征用 FDI，最终将得不到任何外资。但目前学界对违约与征用的成本在实际上是否存在并没有定论。但如果国家违背引资协议的成本并不真实存在，那为什么我们仍可以在现实中观察到国际投资？因此，一国违约与征用仍然是会付出成本的。

1. 导致已有的投资者以减少投资或不投资进行报复

支持背约成本存在的研究指出，一国遵守引资约定，是为了在未来能继续吸收外资。国家担心当前的违约或征用，会导致投资者在未来以减少投资或不投资的方式进行报复。Eaton 和 Gersovitz（1981a；1981b）通过建立主权借贷模型，模拟了外部债权人与债务国的重复博弈。其中，主权借贷原则被设定为一次主权违约就将导致该国永远被主权借贷市场排除在外，以杜绝主权违约的发生。其他研究者也以类似逻辑解释为何国家保持克制，不征用 FDI（Cole 和 English，1991；Albuquerque，2003）。

然而，背约将导致国家永远无法得到外资并不可信。未受东道国违约或征用直接影响的投资者仍可能与该国合作，而不是参与对该国联合制裁。Bulow 和 Rogoff（1989）为此举了一个经典的例子：一国可能拿本应还给外国债权人的资本投资于国外金融机构之中，以获取自身可能从未来借贷中获得的收益。为了避免付出违约成本，该国并不需要确保未来仍能获得外债，而只需要劝服国外金融机构接受其存款投资即可。

也有越来越多的研究对 Bulow – Rogoff 提出质疑。Kletzer 和 Wright（2000）认为，债权人所属国家对国际金融机构实施限制的能力保证了债务国偿付债务，从而维护了将违约国排除出资本市场的假设。Wright（2001）研究了即使是竞争性的金融机构（在均衡中使利润为 0），也可以通过协作，将违约国从所有资本市场中排除的条件。Amador（2004）补充道，政治不稳定的国家的领导者可能并不愿意储蓄或投资通过违约获得的资本，以免在任内遭受违约惩罚，却又得不到储蓄与投资利润。FDI 征用研究对 Bulow – Rogoff 的反对意见更多。如同之前分析，FDI 常常包括技能和生产要素的转移。如果这些要素的供给对东道国和竞争性的投资者来说都是有限的，那么直接投资者以征用后停止对这些要素的补充相威胁，就会是一种非常行之有效的征用惩罚。

2. 声誉损坏导致其他投资者也减少甚至避免向该国投资

国家违背引资约定，除可能导致报复以外，还可能破坏该国声誉。跨国投资在一个信息不完全的环境中进行，国际投资者们并不能完全知晓东道国政府的情况。一旦一国出现违约或征用，国际投资者就有可能将该国归为不值得信赖的东道国类型，从而减少甚至避免向该国注入新的投资。这种情况的出现并非因为投资者们合作施加了报复性制裁，只是因为他们感到继续投资可能会亏本。Cole、Dow 和 English（1995）、Sandleris（2008）以及 Tomz（2007）等都对背约的声誉成本观点进行过论述。

Cole 和 Kehoe（1998）、Rose 和 Spiegel（2009）等一些政治学研究者还建立模型，强调了声誉的溢出效应——政府在全球事务某个领域的行为，将揭示自身整体行为的趋向类型，从而影响其所有领域内的国际关系。这些模型预示政府会选择同时从事所有的主权背约行为，反正只从事其中的一两项也会破坏其他所有的投资者关系，所以国家索性在付出同样的声誉成本时谋求最大的利益。当然，也有其他学者构建的模型显示，政府违约和征用传递的是关于主权不同方面的信息，所以违约和征用行为并不一定总是同时发生。

（四）违约与征用的成本：其他方面

主权违约除引起未来借贷困难，还可能带来其他成本。Kaletsky（1985）、Bulow 和 Rogoff（1989a）认为，主权背约会引发直接制裁，比如贸易禁运或者军事制裁。Rose（2005）发现，违约国外贸额度下降可能就源于贸易制裁。Mitchener 和 Weidenmier（1988）以及 Ahmed、Alfaro 和 Maurer（2010）发现，在 19 世纪和 20 世纪早期，债权人使用军事手段威胁债务国不可违约。然而，这些观点仍然充满争议。Martinez 和 Sandleris（2008）研究认为，Rose（2005）发现的贸易额下降与债权人并无关系。此外，Tomz（2007）研究了三个多世纪的主权债务，并未发现贸易制裁和军事干预被债权人明确用于惩罚违约国以强制执行债务协议的证据。

发起直接制裁对保护债务和股权投资协议是否有效果呢？这主要取决于外部债权人和直接投资外商的身份。如果国家的债权人是主权政府或其他超国家机构，那么这种公共债权人采用外交或商业制裁回应违约的可能性显然更大一些。Platt 和 Martin（1968）、Tomz（2007）的研究表明，"二战"以前，政府有时也为私人公民的 FDI 使用武力，但并不对持有外国政府债券的私人公民采取类似举动。

对东道国而言，征用敏感的自然资源项目可能带来的可观直接收益、加上迎合民众态度带来的政治收益，可与遭受的直接制裁相抗衡。例如，Domínguez（1982）就记录了 20 世纪 70 年代席卷拉丁美洲的国有化浪潮促成大量征用的情况。

最后，投资的流动性也可能影响国家背约的成本。Broner、Martin 和 Ventura（2006）论证，债券二级市场的发展可能降低国家违约的诱惑。通过发达的二级市场的运作，外国债权人将拥有的债券转让给了债务国本国居民，那么债务国就有可能不选择违约，以免损害本国居民利益。考虑到债务比直接投资流动性更强（Hausmann 和 Fernández - Arias，2000），FDI 可能就比债务更脆弱。但 Spiegel（1994）的研究结论与此相反，他认为直接投资更有流动性优势，因此与其他国际资本相比是更安全的投资机制。

总的来说，主权对外部债务违约和征用外商直接投资的成本与收益，随投资主体、投资类型以及经济与政治条件的变动而变化。要得到全面、系统的结果需要借助更正式的理论模型。

二　东道国引资与偿付模型构建

主权违约是对债权资产的直接侵犯，征用是政府对生产性资产的直接侵犯。二者虽然都是政府违背与国际投资者的约定，侵占其权益的行为，但不是每次主权违约时都会征用 FDI，也不是每次征用都由违约引发。那么，究竟什么样的主权违约会引发征用呢？

为了从理论上系统地解答问题，本节继承已有研究中东道国分别引入外债和 FDI 的分立引资模型，并在此基础上创建东道国同时引入二者的联立引资模型，并在下一节根据模型具体分析违约发生的条件与征用发生条件之间的区别和联系以及二者在什么情况下会同时发生。

Eaton 和 Gersovitz（1981a；1981b）、Arellano（2008）、Aguiar 和 Gopinath（2006）、Tom 和 Wright（2007）等都曾建立东道国举借外债的模型，并研究该国基于成本收益权衡的违约决策。自 Eaton 和 Gersovitz（1984）仿照举债模型，建立东道国引入 FDI 的模型以研究政府征用决策后，又有 Cole 和 English（1991）、Raff（1992）、Veugelers（1993）随后完善和拓展了该类模型。

本书建立的东道国引资与偿付模型继承上述研究的主要假设——政府是基于期望效用现值最大化，进行成本收益分析的理性决策者，同时为适应研究目的需要，对之前研究者的工作修正和补充如下：

第一，不仅像之前研究者一样，分别对东道国举借外债和引入 FDI 两种行为构建分立模型；还进一步模拟东道国既举债又引入 FDI 时，相继决定是否偿付外部债权人和偿付外部直接投资者的所有可能情况，创建新的联立引资模型。

第二，与 Eaton 和 Gersovitz（1981a；1981b）、Arellano（2008）、Aguiar 和 Gopinath（2006）、Tom 和 Wright（2007）的举债模型不同，为方便随后引入 FDI，本书假设东道国举债的动机是生产，而不仅仅为了平滑国内消费。为了简便起见，本书也并不像 Yue（2006）、Pitchford 和 Wright（2007）以及 Benjamin 和 Wright（2009）那样假设偿债是债务国与债权人讨价还价的结果，而是假定偿债的直接效用收益是外生的。

第三，不是以之前研究者常用的迭代法，而是以网格搜索算法，基于引资国政府行为考量成本收益的决策过程，分别逆向求解分立与联立模型；并通过给变量赋值，计算出更直观和清晰的结果。

（一）模型假设

假定一个机构的决定可以代表整个国家及其居民的决定，且该风险回避型机构为增加产出和避免生产风险而引入国外资本。考虑一个小型开放经济体有一个需要引入国外资本才能完成的生产机会，并对此做如下假设：

首先，投入 k 单位国外资本则生产 $\theta f(k)$ 单位产出。这里的 f 是一个标准的新古典生产函数，$\theta > 0$ 且 θ 是一个概率密度函数为 $g(\theta)$ 的生产率随机冲击。函数 $g(\theta)$ 已知，但投资发生时的该国和国际投资者对 θ 如何实现都是未知的。因此，不管是否存在未来是否有被东道国侵犯资产权益的可能性，投资本质上就是有风险的。

其次，该国风险回避型的代表机构效用函数 $U(c)$ 严格上升且是严格的凸函数。此外，若遵守与投资者的协议，该国还将享有一个额外的效用奖赏 P（例如，未来的国际金融与贸易资源、与资本来源国良好的外交关系等）。

最后，该国可以从一大批风险中性的国际投资者手中获取资本，那么投资者之间的相互竞争确保彼此都只能获取平均的、不高于机会成本的资金回报。该回报由假设为常量的世界利率 r^w 给定。

因此，在东道国遵守与所有国际投资者协议的情况下，最优水平的投资可使产出减去资金机会成本的预期净值最大化。即最优水平投资 k^{FB}，使下面等式成立：

$$1 + r^w = E[\theta]f'(k^{FB}) \qquad\qquad (3-1)$$

其中，E 为映射生产率冲击 θ 期望值的期望算子。式（3-1）说明，投资在最优水平时，投资的期望边际等同于世界利率。国际资本市场竞争性假定不变，假设该国保有偿付所有国际投资者后的收入，此时东道国以效用衡量的回报可表示为：

$$U^{FB} = U(E[\theta]f(k^{FB}) - (1 + r^w)k^{FB})$$

（二）外债与 FDI 分立的东道国引资与偿付模型构建与算法

在这部分，我们分开考虑东道国对债务的违约行为和对直接投资的征用行为。

1. 举借外债模型的构建与算法

假设东道国仅能举借外债作为资本来源。该国以发行数量为 b、单位价格为 $q(b)$（价格 q 是 b 的函数）的零息债券的方式借入外债，并将获得的资本总量 $k = bq(b)$ 投入项目。待生产完成后，该国再选择是否偿还事先约定的无条件偿还额 B 给国际债权人。令 P^D 代表该国遵守举债协议而获得的奖赏。若该国偿债，它将获得 $\theta f(k) - B$ 以及友好的投资者关系，后者表现为效用奖赏 P^D；相反，如果违约，该国留下了整个产出所得 $\theta f(k)$，但失去 P^D。因此，在生产率

冲击 θ 实现后，该国违约，如果

$$U(\theta f(k)) > U(\theta f(k) - B) + P^D \qquad\qquad (3-2)$$

该国债券价格 $q(b)$ 由国际资本市场的竞争决定，同时也反映出市场对该国违约可能性的预期。将违约可能性表示为：

$$\pi(b) = Pr\{\theta \mid U(\theta f(bq(b))) > U(\theta f(bq(b)) - B) + P^D\}$$

$$(3-3)$$

假设无风险的世界利率为 r^w，相对于确定的回报 $(1 + r^w)k$ 来说，债权人将要求价格 $q(b)$，这样他们在借贷给该国和以 $1 - \pi(b)$ 的可能性收到 B 二者之间并无差别，因此：

$$q(b) = \frac{1 - \pi(b)}{1 + r^w}$$

该国选择了 b，意味着给定了 k 的水平，同时也考虑到了 b 对债券价格的影响。

模型求解遵循以下算法：

第一步，对每一个允诺的偿债 B、债券价格 q 和生产率实现 θ，可计算对东道国来说违约是否最优；第二步，给定第一步的结果，对每一种 b 与 q 的结合，计算债权人的期望回报（平均 θ 的概率分布时）；第三步，在国际债权人至少获得等同于无风险利率的预期回报的条件下，找到一个 b 和 q 的组合可使债务国期望效用最大化，即实现式 $(3-4)$：

$$E[\max\{U(\theta f(qb)), U(\theta f(qb) - b) + P^D\}] \qquad (3-4)$$

并且，以上模型算法显然比通常的迭代法收敛得更快。

2. 引入 FDI 模型的构建与算法

假设东道国仅能引入 FDI 作为资本来源，并且是以出售项目股权、偿还产出的比例 α 作为回报的方式引入 FDI。那么，该国征用 FDI，当

$$U(\theta f(k)) > U((1 - \alpha)\theta f(k)) + P^E \qquad (3-5)$$

其中，P^E 代表该国遵守直接投资协议而获得 的直接 奖赏。P^E 与 P^D 的表现形式是不同的，比如，国际直接投资者可以在生产中投入一些一旦被征用则不可再次获取，或被征用后价值将大幅下降的要素，只有不征用的东道国才可分享这些要素投入生产后的收益。

令 $\Theta*$ 代表征用不会发生时所有的 θ。均衡时，为了筹集资本 k，持股比例 α 必须满足

$$(1 + r^w)k = \alpha f(k)\int_{\Theta*} \theta g(\theta)d\theta$$

其中，$g(\theta)$ 为 θ 的概率密度函数。

和举债模型类似，本书以网格搜索算法求解东道国引入 FDI 模型。

第一步，对每一个资本水平 k、外资持股比例 α 和生产率实现水平 θ，计算对东道国来说征用是否最优；第二步，给定第一步的结

果，对每一种 k 与 α 的组合，计算投资者的期望回报（平均 θ 的概率分布时）；第三步，在国际投资者至少获得等同于无风险利率的预期回报的条件下，找到一个 k 和 α 的组合可使东道国期望效用最大化，即实现式（3 - 6）：

$$E[\max\{U(\theta f(k)), U((1 - \alpha)\theta f(k)) + P^E\}] \qquad (3 - 6)$$

（三）外债与 FDI 联立的东道国引资与偿付模型构建与算法

接下来，考虑该国可同时引入外债和外商直接投资两种类型的国际资本投资于国内生产。本书假设东道国先引入直接投资，再行借贷；待生产完成后，东道国首先决定是否偿还贷款，最后决定是否允许直接投资者得到投资回报。

1. 外债与 FDI 联立模型构建

图 3.1 展示了东道国政府依序引入外债与 FDI 并在生产后分别决定违约和征用与否的引资与偿付模型。该国首先通过发售该项目的股权引入外商直接投资 k_1（以最终利润比例的 α 为回报），再向国际金融市场发行单位价格为 q 的债券借贷 k_2（项目结束后偿还额度为 B），然后将全部资本 $k_1 + k_2$ 投入生产。接下来，冲击 θ 产生，实现产出 $\theta f(k_1 + k_2)$。产出完成后，东道国首先决定是否对外债违约，再决定是否征用外商直接投资。如果政府偿还债务并允许外商拿回直接投资回报，将获取奖赏 P^{DE}；若只偿债或只允许 FDI 实现回报，将分别获取奖赏 P^D 和 P^E。因此，如图 3.1 所示，根据该国违约与征用的决策情况，最终得到四种不同回报。

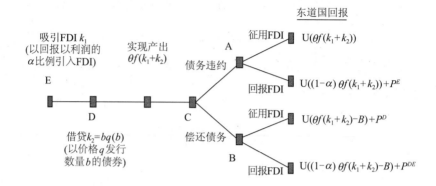

图 3.1 外债与 FDI 联立的东道国引资与偿付模型

2. 外债与 FDI 联立模型算法

以逆向归纳求解该模型。假设东道国已经对债务违约，正衡量是否征用 FDI，即处于图 3.1 中的阶段 A。那么东道国在阶段 A 实施征用，当且仅当：

$$U(\theta f(k_1 + k_2)) > U((1 - \alpha)\theta f(k_1 + k_2)) + P^E \qquad (3-7)$$

令

$$V^A(\theta, k_1, k_2, \alpha) = \max\{U(\theta f(k_1 + k_2)),$$

$$U((1 - \alpha)\theta f(k_1 + k_2)) + P^E\}$$

代表东道国在阶段 A 结束后获得的最优值，并以 $\Phi^A(\theta, k_1, k_2, \alpha)$ 为在该阶段实施征用的指标函数。

接下来，假设东道国已偿还债务，正衡量是否征用 FDI，即处于图 3.1 中的阶段 B。若东道国实施征用，那么它将获取产出总量减去债务偿还量的余额 $\theta f(k_1 + k_2) - B$；若不征用，那么将

获取该余额的（$1 - \alpha$）比例。因此东道国在阶段 B 时实施征用，当且仅当

$$U(\theta f(k_1 + k_2) - B) + P^D > U((1 - \alpha)\theta f(k_1 + k_2) - B) + P^{DE}$$

$$(3 - 8)$$

令

$$V^B(\theta, k_1, k_2, \alpha, B) = \max\{U(\theta f(k_1 + k_2) - B) + P^D,$$

$$U((1 - \alpha)\theta f(k_1 + k_2) - B) + P^{DE}\}$$

代表东道国在阶段 B 中可能获得的最优值，并以 $\Phi^B(\theta, k_1, k_2, \alpha, B)$ 为在该阶段实施征用的指标函数。

继续回溯，假设东道国处于阶段 C，正决定是否对债务违约。如果偿债，该国就放弃了当前的资源并进入阶段 B；如果违约，它就保有了当前资源并进入阶段 A。因此，该国对债务违约，当且仅当

$$V^A(\theta, k_1, k_2, \alpha) > V^B(\theta, k_1, k_2, \alpha, B) \qquad (3 - 9)$$

令

$$V^C(\theta, k_1, k_2, \alpha, B) = \max\{V^A(\theta, k_1, k_2, \alpha),$$

$$V^B(\theta, k_1, k_2, \alpha, B)\}$$

代表东道国在阶段 C 中可能获得的最优值，并以 $\Phi^C(\theta, k_1, k_2, \alpha, B)$ 为在该阶段实施违约的指标函数。因此，该国违约概率

可表示为：

$$\pi(k_1,k_2,\alpha,B) = \int \Phi^C(\theta,k_1,k_2,\alpha,B)g(\theta)d\theta \qquad (3-10)$$

其中，$g(\theta)$ 为 θ 的概率密度函数。

接下来考虑阶段 D，此时该国可以以单位价格 $q(b;k_1,\alpha)$ 发行一定数量的债券 b（其中 q 不仅是 b 的函数，还受此后引入 FDI 情况的影响）。这时该国还无法得知冲击 θ 如何发生，因而必须最大化自身的期望回报。该国在阶段 D 的最优值为

$$V^D(k_1,\alpha) = \max_b \int V^C(\theta,k_1,bq(b;k_1,\alpha),\alpha,B)g(\theta)d\theta$$

其中，k_2 为 $bq(b;k_1,\alpha)$ 所替代。将发行债券获得的资本表达为 k_1 与 α 的函数，即 $k_2^*(k_1,\alpha)$。

债权人之间的完全竞争意味着债券价格满足条件：

$$q(b;k_1,\alpha) = \frac{1-\pi(k_1,k_2,\alpha,B)}{1+r^w}$$

$$= \frac{1-\pi(k_1,bq(b;k_1,\alpha),\alpha,q)}{1+r^w}$$

其中 r^w 是无风险的世界利率。值得注意的是上式的自我参照特性：债券价格影响违约的可能性，而违约可能性反过来也影响债券价格。这意味着多重均衡的可能性。

最后，回溯至阶段 E，也就是整个引资过程的开始。此时该国福利最大化的最优值为 $V^E(k_1,\alpha(k_1))$，其中 α 以 k_1 的函数形

式表达，并由直接投资者之间的完全竞争所决定。即 $\alpha(k_1)$ 必须满足：

$$(1 + r^w)k_1 = \alpha(k_1)\int\{\Phi^C(\theta,.)(1 - \Phi^A(\theta,.))\theta f(k_1 + k_2^*(k_1)) +$$

$$(1 - \Phi^C(\theta,.))(1 - \Phi^B(\theta,.))[\theta f(k_1 + k_2^*(k_1)) - B]\}$$

$$g(\theta)d\theta \qquad\qquad (3-11)$$

其中，省略了 Φ 的自变量以简化表达。

式（3-11）可以通过以下算法求解：

第一步，对每一个 FDI 水平 k_1、FDI 占比 α、债务偿还 B、债券价格 q 和生产率冲击 θ，计算对该国而言，以下四种选择：（1）对债务违约并对 FDI 征用；（2）对债务违约但允许 FDI 获取回报；（3）偿还债务但对 FDI 征用；（4）偿还债务但允许 FDI 获取回报，比较哪种选择最优；第二步，给定第一步的结果，对每一种 k_1、α、B 和 q 的组合，计算债权人和直接投资者的预期回报；第三步，在国际债权人和直接投资者均至少获得等同于无风险利率的预期回报的条件下，找到一个 k_1、α、B 和 q 组合使东道国预期效用最大化，即实现式（3-12）：

$$E[\max\{U(\theta f(k_1 + qb)), U((1-\alpha)\theta f(k_1 + qb)) + P^E,$$

$$U(\theta f(k_1 + qb) - B) + P^D, U((1-\alpha)\theta f(k_1 + qb) - B) + P^{DE}\}]$$

$$(3-12)$$

三 东道国引资与偿付模型分析

本节分析上节所建立的反映东道国与国际投资者关系的引资与偿付模型。本节分析将展示，东道国经济状况、决策者风险规避程度和履约奖赏如何具体影响东道国是否违背与国际投资者协议的抉择。

（一）外债与 FDI 分立的东道国引资与偿付模型分析

下面分开考虑东道国对债务的违约行为和对直接投资的征用行为。

1. 外债与 FDI 分立模型的理论分析

当外债是东道国唯一外部资本来源时，主权违约更可能出现在经济困境时期而非经济繁荣时期。从分立模型可知，仅能引入外债 k_1 时，东道国征用当且仅当

$$U(\theta f(k_1)) > U(\theta f(k_1) - B) + P^D \qquad (3-13)$$

该国效用函数 U 是严格的凸函数，而允诺的债务偿还额 B 必须大于或等于 0。如果国家在某个生产率水平 θ^* 违约，那么它在所有 $\theta < \theta^*$ 的情况下均违约。不论决策者处于何种风险规避程度，该结论对所有国家均成立。

相比之下，当外商直接投资是东道国唯一外部资本来源时，东道国经济状况则是通过决策者风险规避程度影响征用决策的。从分

立模型可知，仅能引入外国直接投资 k_2 时，东道国征用当且仅当：

$$U(\theta f(k_2)) > U((1-\alpha)\theta f(k_2)) + P^E \qquad (3-14)$$

假设该国有一个常数的相对风险规避效用函数如下：

$$U(c) = \begin{cases} \dfrac{c^{1-\sigma}}{1-\sigma}, \text{当 } \sigma > 0 \text{ 且 } \sigma \neq 1 \\[2ex] \log c, \text{当 } \sigma = 1 \end{cases}$$

其中，σ 为风险规避程度。如果 $\sigma \neq 1$，那么东道国征用，当：

$$\theta^{1-\sigma} > \frac{(1-\sigma)P^E}{[1-(1-\alpha)^{1-\sigma}]f(k)^{1-\sigma}} \qquad (3-15)$$

不等式（3-15）证实了东道国的征用决策是在"绝望"和"机会主义"之间的权衡（Cole 和 English，1991）。当 $\sigma > 1$ 时，$\theta^{1-\sigma}$ 是随 θ 下降的；当 $\sigma < 1$，$\theta^{1-\sigma}$ 是随 θ 上升的。因此，高度风险规避的决策者（即 $\sigma > 1$），将在生产率 θ 很低时，出于"绝望"而征用 FDI；低度风险规避的决策者（即 $\sigma < 1$），则会在生产率 θ 较高时，出于"机会主义"而征用 FDI；当 $\sigma = 1$ 时，这两种力量相互均衡且抵消，此时征用与否与生产率 θ 无关。

上述分析显示，东道国对债务违约和对 FDI 征用是两种既相似但又相互区别的行为。当决策者风险规避程度较高时，产出下降、经济低迷将导致决策者既对债务违约又征用 FDI；当决策者对风险持相对中性态度时，产出下降仍将导致债务违约，但却不大可能引发 FDI 征用。

2. 外债与 FDI 分立模型的赋值计算分析

为了更好地刻画模型并获得更清晰的结果，我们给变量赋值，并使用 Matlab 7.0 求解模型。令生产函数为 Cobb – Douglas 函数，即：

$$f(k) = k^{\eta}$$

其中，令资本的产出弹性 η 为标准值的 1/3。并假设生产率冲击 θ 是一个对数正态分布的离散近似，变量系数为 10%。另，令世界利率 r^{w} 为 5%。在下面的分析中，我们考察决策者风险规避程度以及履约奖赏变动对结果的影响。

首先，研究决策者风险规避程度对东道国与投资者关系的影响。图 3.2a—图 3.2d 展示了当仅有外债或 FDI 可得时，决策者风险规避对东道国引资情况的影响。在图中，风险规避程度 σ 的变动范围从近似 风险中性的 1/5 到高度风险规避的 5，每一种履约奖赏被设定为最优效用水平 U^{FB} 的 35%，再乘以（$1 - \sigma$）以保证奖赏为正。

图 3.2a 显示，对于每一种风险规避程度 σ，债务国都会对应地在某种生产率水平 θ 发现违约为最优选择。当 决策者 对风险持接近中性态度时，除非在生产极度恶化的情况下，该国违约较少；随着 σ 增长，决策者风险规避程度越来越高，也越来越不能接受在生产相对恶化的情况下仍然偿付外债。债权人以提高利率水平作为回应，更增加了债务国违约可能。最后，在风险规避程度 σ 不足 4 的时候，违约几乎在所有状态下发生，国际金融市场对该国关闭。

图 3.2b 展示了类似的图景。与征用的成本收益分析一致，当决

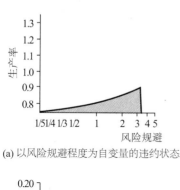

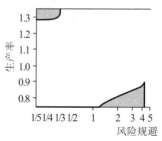

(a) 以风险规避程度为自变量的违约状态

(b) 以风险规避程度为自变量的征用状态

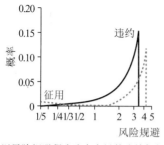

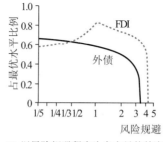

(c) 以风险规避程度为自变量的违约与征用概率

(d) 以风险规避程度为自变量的外资状态

图 3.2 风险规避的影响（外债与 FDI 分立模型）

策者持相对风险中性态度时，征用发生在生产繁荣时期；当决策者高度风险规避时，征用发生在生产恶化时期。因此，如图 3.2c 显示，征用概率并不随风险规避程度单调上升，而是在 σ 接近 1 之前下降、σ 超过 1 之后上升；违约概率则随风险规避单调上升。

此外，图 3.2c 还显示，除了在 σ 值非常低的时候，违约概率基本上都超过了征用概率。那么，为什么相对风险规避的国家在生产恶化时期，更倾向于选择对外债违约呢？最可能的解释是，不论经济状况如何，偿付外债的数额基本是固定的；但 FDI 作为股权投资，要求的利润回报随东道国经济状况和产出情况恶化而降低，因此，FDI 因含有共同分担风险的成分而在东道国生产恶化期间相对安全。

图 3.2d 显示，决策者风险规避越低，引入的外债越接近最优水平；当决策者风险规避接近 1 时，引入的 FDI 更接近最优。

东道国与投资者关系不仅取决于东道国的风险规避程度，还取决于其所能获得的履约奖赏。下面考察履约奖赏变动对东道国引资的影响。图 3.3a—图 3.3d 展示了当仅有外债或 FDI 可得时，履约奖赏对东道国引资情况的影响。其中，东道国风险规避程度 σ 被设定为 2，每一种履约奖赏被设定为在基准效用水平 $(1 - \sigma)U^{FB}$ 的 5%—45% 浮动。图 3.3a 和图 3.3b 证实了之前的分析，当 $\sigma > 1$ 时，政府均会在经济繁荣时期遵守引资协议，而在产出下降时期实施违约或征用。图 3.3a 和图 3.3b 还显示，随着履约奖赏增加，越来越少的国家实施违约或征用。

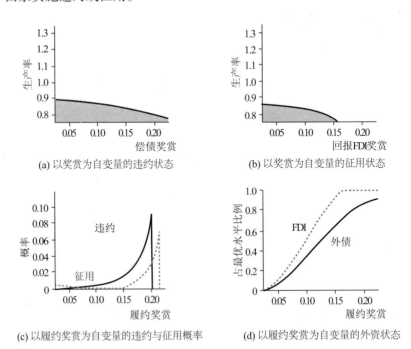

(a) 以奖赏为自变量的违约状态　　(b) 以奖赏为自变量的征用状态

(c) 以履约奖赏为自变量的违约与征用概率　　(d) 以履约奖赏为自变量的外资状态

图 3.3　履约奖赏的影响（外债与 FDI 分立模型）

此外，图 3.3c 显示，对每一个履约奖赏幅度来说，违约的概率都高于征用的概率。图 3.3d 说明，一旦奖赏超过基准水平的 30%，征用几乎消失且 FDI 接近最优水平；相比之下，外债在 3.3d 所示的奖赏幅度中，从未达到最优水平。

（二）外债与 FDI 联立的东道国引资与偿付模型分析

接下来，考察东道国引入外债和 FDI 两种外资时的情况。为此，先要区分偿还债务的奖赏 P^D 与偿付直接投资收益的奖赏 P^E，并对 P^D 与 P^E 的关系作出假设。

1. 狭义对称奖赏假设下的外债与 FDI 联立模型赋值计算分析

首先，考虑狭义的对称奖赏的情况。狭义指债务违约与 FDI 征用两种行为彼此都不对另一种投资者关系产生外溢效应，因而遵守两种引资协议获得的奖赏就是两种奖赏之和。对称指的是遵守债务协议的奖赏等于遵守直接投资协议的奖赏。所以此时，$P^{DE} = P^D + P^E$ 且 $P^D = P^E$。

令 P^D 和 P^E 都等于基准水平 $(1-\sigma)U^{FB}$ 的 35%，且 σ 在接近风险中性的 1/5 至高度风险规避的 5 之间波动。赋值计算后的结果表明，既包含外债又包含 FDI 的东道国引资方式吸引了比只举债或只引入 FDI 更多的外资，政府可以在外债和 FDI 组合中找到一个最优的组合使外资水平最大化。在 σ 每一个较低的水平上（即相对相抵的风险规避程度），东道国引入的外债都超过了 FDI。比如，当 $\sigma = 1/5$ 时，外资中的 58% 是外债。随着该国变得越来越风险规避，FDI 水平开始超过了外债。但 σ 与外资结构之间的关系并不是单调的，FDI 的最大比

例产生于 $\sigma = 4/3$ 时，此时该国外资的69%由 FDI 提供。

在狭义对称奖赏的模拟计算中，尽管债务和 FDI 占比随 σ 变化而变化，外资总量还是基本稳定并接近最优外资水平的。并且，违约和征用在服从狭义对称奖赏假设的联立模型模拟中几乎不会发生。只有高度风险规避的决策者（$\sigma > 4$）会出现违约或征用以及违约并征用，但合起来也并未超过总时段的4%。

接下来，为了更深入地分析狭义对称奖赏的情况，我们改变 P^D 和 P^E 的值为原赋值水平的一半，令二者都等于基准水平 $(1 - \sigma)U^{FB}$ 的17.5%。在奖赏更小的情况下，联立模型中的东道国与投资者关系更类似于分立模型中的情况。如图3.4a 与图3.4b 所示，违约概率随 σ 单调上升，征用概率随 σ 接近1时下降、随 σ 超过1后下降。

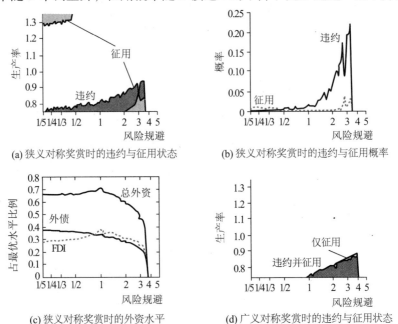

(a) 狭义对称奖赏时的违约与征用状态　　(b) 狭义对称奖赏时的违约与征用概率

(c) 狭义对称奖赏时的外资水平　　(d) 广义对称奖赏时的违约与征用状态

图3.4　风险规避的影响（外债与 FDI 联立模型）

此外，在 σ 处于较低水平时，该国引入的外债超过 FDI；当 σ 超过 1 时情况则相反。整体来看，如 3.4c 所示，此时引入的外资总量从未超过最优水平的 70%。

2. 广义对称奖赏假设下的外债与 FDI 联立模型赋值计算分析

其次，考虑广义的对称奖赏的情况。广义指债务违约或 FDI 征用均损害该国所有投资者关系。负面的外溢效应可能来自投资者联合实施惩罚，如债权人与直接投资者协调彼此的报复策略；也可能来自声誉损失发出的信号，如投资者认为，东道国违背一类引资协议的行为预示着可能发生更多的背约行为。因此，同时遵守两种引资协议获得的奖赏超过分别遵守两种协议的奖赏之和。此时，$P^{DE} > P^D + P^E > 0$。对称指的是遵守债务协议的奖赏等于遵守直接投资协议的奖赏。令 $P^D = P^E = P^{DE}/6$，且 P^{DE} 为基准水平 $(1 - \sigma)U^{FB}$ 的 35%。

在广义对称奖赏时，违约与征用几乎总是同时发生。图 3.4d 显示，对每一种程度的风险规避 σ，东道国都会发现在某些生产率水平时违约并征用是最优选择。只有当决策者是最低程度风险规避时，东道国才会遵守两种引资协议，而不论是何种经济状况；风险规避 $\sigma \geq 1$ 后，东道国就开始以违约并征用来回应负面生产率冲击。除了在生产率水平太高的某些时段，东道国偶尔只征用而不违约，但两种背约行为在大多数时间里都同时发生。

（三）违约国征用外商直接投资的理论条件总结

至此，我们总结对东道国引资模型的分析结果如下：

第一，对分立模型的分析表明，主权违约更多出现在经济困难时期，征用则受经济状况（θ）和决策者风险规避程度（σ）双重因素的作用。即当决策者风险规避程度较高时，东道国经济恶化将导致政府既对外债违约又征用 FDI；当决策者持风险中性态度时，经济恶化仍将导致违约，但却不大可能引发征用。

第二，对联立模型的分析表明，两种履约奖赏——偿还外债的奖赏 P^D 与偿付 FDI 利润的奖赏 P^E ——二者的大小与关系也影响违约与征用行为。首先，在狭义对称奖赏的假设下（$P^{DE} = P^D + P^E$ 且 $P^D = P^E$），且奖赏均较高时，违约和征用几乎不会发生，只有高度风险规避的决策者才违约或征用以及违约并征用；当奖赏均降为原幅度一半时，情况类似于分立模型的结果。其次，在广义对称奖赏的假设下（$P^{DE} > P^D + P^E$ 且 $P^D = P^E$），违约与征用几乎总是同时发生；只有当决策者是最低程度风险规避时，东道国才会遵守两种引资协议。

因此，对于"究竟什么样的主权违约会同时引发 FDI 征用"这个问题，本书构建模型后的理论分析与赋值计算分析说明，东道国经济状况、决策者风险规避程度和履约奖赏三种因素都对结果产生影响。

具体来说，其一，当决策者风险规避程度较高时，经济状况恶化会引发主权违约与 FDI 征用；在狭义对称奖赏的假设下，也只有较高风险规避的决策者才会违约并征用，尤其是在两类奖赏幅度均下降时二者更为多发。其二，如果现实世界符合广义对称奖赏假设，即东道国实施背约对与其他所有国际投资者的关系都有负面溢出效应，那么不论东道国经济状况如何，主权违约之后几乎总是可以观察到 FDI 征用。

四　本章小结

本章主要工作是，比较与分析主权违约与征用两种政府背约行为的成本和收益，并在此基础上通过构建与分析东道国引资与偿付理论模型，探究违约国政府征用 FDI 这一现象的内在规律，明确发生违约国政府征用 FDI 的理论条件。

本章的创新点是，在已有的东道国举债模型和引入 FDI 模型基础上，创建了东道国同时举债并引入 FDI 的联立模型，以求解违约国征用 FDI 的理论条件。

本章的研究结论是，第一，当东道国决策者风险规避程度较高时，经济状况恶化会引发主权违约并征用 FDI；在狭义对称奖赏的假设下（即债务违约与 FDI 征用两种行为彼此都不对另一种投资者关系产生外溢效应时），也只有较高风险规避的决策者才会违约并征用，尤其是在两类奖赏幅度均下降时二者更为多发。第二，如果现实世界符合广义对称奖赏假设（即东道国实施背约对该国与其他所有国际投资者的关系都有负面溢出效应），那么不论东道国经济状况如何，主权违约总是预示着该国政府也即将征用 FDI。

第四章 违约国征用外商直接投资的实证分析与最优投资协议研究

本章建立 1929—2012 年的债务国与 FDI 引资国数据库，分析其中违约与征用分别发生以及同时发生的条件，并提出假设和进行实证检验，以检验现实是否与上一章由模型推导出的理论条件相符。此外，本章还讨论最优"自我实施"（self – enforcing）投资协议问题，明确可以在最大程度上保证东道国遵守引资协议、保障国际投资者利益的投资协议的要素。

一 现实中的主权违约与征用数据分析

本节考察现实中的主权违约与征用情况，以分析现实是否与理论模型的结论相符，或者可以对理论分析提出哪些具体修正。为此，本节首先构建 20 世纪 20 年代至今的曾实施主权违约与征用的国家及发生时段数据库，再据此分析违约与征用同时发生时的关键特征，并提出假设。

（一）数据来源与选取标准

首先，需要确定哪些国家是债务国。对 1929—1970 年的债务国身份，本书先据 Adler（2005）的工作判定对外国债券所有者负有明确债务的国家；1970—2012 年的债务国名单，则根据世界银行（2014）统计判定向外国私人债权人借贷的国家，但排除其中的贸易信贷借贷国。上述两方面数据来源只包含了向外国私人债权人借贷的债务国，因此本书还根据 Reinhart（2009）、Reinhart 和 Rogoff（2010a）的工作增补债务国名单，纳入向外部公共债权人借贷的国家。

随后，需要确定哪些国家曾对外部债务违约。本书对主权违约的判定标准遵从大多数学者使用的违约概念，即主权违约包括一国中央政府对其外部债务的直接违约和债务重组。直接违约指主权国家不按借贷时约定的时间、方式或额度偿付主权债务的本金或利息；债务重组中，债权人往往被迫接受比借贷时约定条件更差的债务偿付条件或（和）更长的偿付期限。一国政府开始推迟或减少偿付或者开始债务重组的时间，被记为违约开始；结束则以东道国与大部分债权人达成重组协议为标志。

违约数据有如下几个来源：一是 Beers 和 Chambers（2004）与 Suter（1990）的工作，其中记录了对外国私人债权人违约的国家及违约时段；二是巴黎债权人俱乐部的数据，记录了与主要发达国家官方债权人进行过债务重组谈判的违约国及谈判时段；三是据 Reinhart（2009）和栾彦（2012）的工作对前两个数据来源进行增补。

接下来，需要确定哪些国家是 FDI 东道国。对 1929—1970 年的 FDI 东道国身份，本书依据美国商业部（U. S. Commerce Department）和美国经济分析局（U. S. Bureau of Economic Analysis）记录统计。使用这两种记录来源可能会遗漏完全没有吸收过美国 FDI 但是拥有来自其他国家 FDI 的东道国。但这已是目前能获取的跨越时段最长且国家与地区覆盖范围最广的 FDI 东道国名单。1970 年以后的 FDI 东道国身份，据世界银行（2014）和联合国贸易与发展会议（2014）记录统计。

最后，确定哪些 FDI 东道国曾征用外商直接投资资产。本书对征用的判定遵从 Kobrin（1980，1984）提出的标准，将以下四类行为均记为征用：（1）国有化，指东道国政府全盘夺取了外资企业的所有权；（2）迫使出售，指政府威胁或真实采取行动，迫使外资企业向政府或居民出售部分或全部的股权；（3）干预，指政府虽然并未公开宣告自己是新的所有者，但确实夺取了外商直接投资企业资产的情况；（4）重议协议，指政府迫使直接投资的外商重新订立劣于原投资协议条件的新协议或接受新投资条件，而投资者不得不对政府要求让步。值得注意的是，第四项重议协议里面也可能包括部分隐性征用的统计，比如在重订的协议中变更了东道国征税的税则与税率或者增加当地采购与雇用的份额等。

征用数据有如下几个来源：第一，对 1929—1960 年的征用记录，据 Tomz 和 Wright（2009）研究统计；第二，1960—1979 年的记录，据 Kobrin（1984）的工作统计；第三，1980—1992 年的记录，据 Minor（1984）统计；第四，1993—2010 年的记录，据 Hajzler（2007，2010）统计。上述研究都是将一年中某一国对某一个行业任意数目企业的征用记为一起或一次，作为征用频次的衡量。

本书对违约与征用国家名单及行为时段的统计涵盖了大半个 20 世纪，超过了目前所有已有研究的考察时段。表 4.1 展示了违约及征用国家与时段统计的数据来源。

表4.1　违约及征用国家与时段统计的数据来源（1929—2012）

项目	数据来源
债务国	Adler（2005）、世界银行网站（2014）、Reinhart（2010）、Reinhart 和 Rogoff（2010a）
外债违约国与违约时段	Beers 和 Chambers（2004）、Suter（1990）、巴黎俱乐部网站（2014）、Reinhart（2010）、栾彦（2012）
FDI 东道国	美国商业部网站（2014）、美国经济分析局网站（2014）、世界银行网站（2014）、联合国贸发会议网站（2014）
FDI 征用国与征用时段	Tomz 和 Wright（2009）、Kobrin（1984）、Minor（1984）、Hajzler（2007，2010）

（二）违约与征用分别发生的国家行为特征

图 4.1 展示了近一个世纪以来，主权违约与征用的趋势变化。图 4.1a 显示，1929—2010 年，全球每年都在发生主权债务违约或外债征用。图 4.1b 以记录每年违约和征用的国家数目占比的形式表述了同样的数据。

图 4.1 显示，第一，主权违约与征用事件的发生是波动起伏的。在某些历史时期，大量国家选择违背与国际债权人或直接投

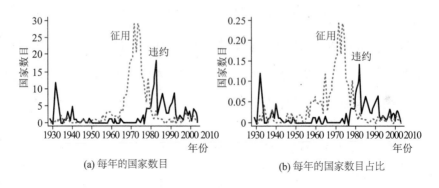

(a) 每年的国家数目   (b) 每年的国家数目占比

图 4.1　1929—2010 年，实施主权违约与征用的国家数目

资者的协议；但某些时期，大部分国家又避免了这样的行为。第二，违约与征用的波峰基本上是不重合。第一个违约高峰出现在20 世纪 30 年代的大萧条时期，另一个出现在 20 世纪 80 年代世界经济大衰退时期；征用则在 20 世纪 60 年代末和整个 70 年代更为盛行。

考察违约与征用的国家数目随时间变化的趋势，证实了之前关于违约与征用发生条件的理论分析，同时也对其中部分假设提出了修正。

一方面，最大规模的两次主权违约分别出现于 20 世纪 30 年代的大萧条和 80 年代世界经济衰退时期，这与之前的理论分析一致。即不论决策者是何种风险规避程度，经济恶化、产出下降容易导致政府选择对外债违约。

征用在 20 世纪 60 年代末和整个 70 年代频繁发生，也可以结合现实情况和理论分析进行解释。在理论上，经济状况与征用之间的关系取决于决策者的风险规避程度。风险中性的决策者在经济繁荣时期出于机会主义征用 FDI，只有高度风险规避的决策者才在经济萧条时期出于绝望征用 FDI。而从 20 世纪 60 年代中期开始到 1973 年以前，通常被认为是世界经济发展的繁荣时期，尤其是对于商品出口国而言。所以，征用高峰随着世界经济的起飞开始发展，并在 20 世纪 70 年代中期达到最高值，最后随着战后世界经济发展的黄金年代结束而迅速下降。这充分表明，大部分主权政府持风险中性态度，为了在迅速发展的世界经济中多分一杯羹，出于机会主义征用外商直接投资资产。

另一方面，违约与征用的波动并不重合，说明现实世界并未支持广义对称奖赏的假设，而更接近于狭义对称奖赏假设的情况。广义对称奖赏，指国家同时遵守所有引资协议所获奖赏，应该超过分别遵守各种协议所获奖赏之和。这种观点来源于对政府背约行为"外溢效应"的假设。该假设认为，即使是一种类型背约行为的发生也会破坏该国与所有国际投资者之间的关系，所以不论东道国经济状况如何，主权违约之后应该总是可以观察到 FDI 征用。然而，实际中主权违约与征用却在大部分时段错峰出现，证明一国出现一种类型的背约行为并不具有完全的外溢效应，不会同时破坏所有的投资者关系。

（三）违约与征用同时发生的国家行为特征与假设提出

尽管主权违约与征用的波动基本上不重合，但违约与征用仍在相当一部分国家同时发生。表4.2列出了从未发生、分别发生以及曾同时发生主权违约与征用的四类国家及地区名单。其中，一国被记为同时发生主权违约并征用的标准是，其中央政府从开始违约至达成债务重组协议后三年内有征用记录。表 4.2 左上部分为

1929—2010 年从未违约或征用的国家，表 4.2 右下为曾同时违约并征用的国家。这两类国家合起来占样本总数近 70%，相比之下，只违约或只征用的国家只占 30% 多一点。表 4.2 的卡方统计量为 28，自由度为 1。以样本大小而言，违约与征用之间较强的联系纯属随机的概率只有 1‰ 不到。因此，这部分国家同时发生违约与征用并非偶然。

表 4.2　　　1929—2010 年，从未发生、分别发生以及同时发生
主权违约与征用的国家及地区

	未征用	征用
未违约	亚美尼亚、澳大利亚、孟加拉国、巴巴多斯、白俄罗斯、比利时、伯利兹、博茨瓦纳、布隆迪、加拿大、塞浦路斯、捷克、丹麦、吉布提、爱沙尼亚、斐济、芬兰、法国、德国（统一后）、中国香港、以色列、拉脱维亚、立陶宛、卢森堡、马里、毛里求斯、荷兰、新西兰、挪威、巴布亚新几内亚、卢旺达、圣基茨和尼维斯、圣卢西亚、圣文森特和格林纳丁斯、萨摩亚、新加坡、斯洛伐克、所罗门群岛、瑞典、瑞士、突尼斯、英国、瓦努阿图	阿塞拜疆、贝宁、乍得、格鲁吉亚、哈萨克斯塔、塔吉克斯坦、吉尔吉斯斯坦、黎巴嫩、马来西亚、尼泊尔、阿曼、索马里、斯威士兰、叙利亚、土库曼斯坦、乌兹别克斯坦

续表

	未征用	征用
违约	阿尔巴尼亚、奥地利、波斯尼亚、保加利亚、布基纳法索、中国、克罗地亚、捷克斯洛伐克、多米尼加、德国(西德)、希腊、格林纳达、几内亚比绍、冰岛、爱尔兰、意大利、约旦、朝鲜、韩国、马其顿、摩尔多瓦、瑙鲁、尼日利亚、巴拉圭、波兰、罗马尼亚、葡萄牙、塞舌尔、斯洛文尼亚、南非、苏里南、西班牙、土耳其、苏联、乌克兰、乌拉圭、越南、也门(北)	阿尔及利亚、安哥拉、安提瓜和巴布达、阿根廷、玻利维亚、巴西、喀麦隆、中非、智利、哥伦比亚、刚果(布)、刚果(金)、哥斯达黎加、古巴、多米尼加、厄瓜多尔、埃及、萨尔瓦多、埃塞俄比亚、德国(二战结束前)、加蓬、冈比亚、加纳、危地马拉、几内亚、圭亚那、海地、洪都拉斯、匈牙利、印度、印度尼西亚、伊朗、伊拉克、科特迪瓦、牙买加、日本、肯尼亚、莱索托、利比里亚、马达加斯加、马拉维、毛里塔尼亚、墨西哥、摩洛哥、莫桑比克、缅甸、尼加拉瓜、尼日尔、巴基斯坦、巴拿马、秘鲁、菲律宾、俄罗斯、塞尔维亚、塞内加尔、斯里兰卡、塞拉利昂、苏丹、泰国、坦桑尼亚、多哥、特立尼达和多巴哥、乌干达、委内瑞拉、也门(统一后)、南斯拉夫、赞比亚、津巴布韦

数据来源：见表 4.1。

考察同时发生违约与征用的国家名单及时段，可以辨认出两种国家行为模式：

1. 政治革命型违约与征用

第一种类型的违约并征用多发生于一国局势动荡特别是政治经济体制及意识形态急剧转换时期，本书将其称作政治革命型违约与征用。比如，1932—1945 年的德国、1959 年的古巴、1972 年与 1974—1975 年的智利、1975 年的埃塞俄比亚与安哥拉、20 世纪 70 年代末的坦桑尼亚，均是政治革命型违约与征用的典型。

Kobrin（1980）认为，此时发生的违约与征用是对外资来源国和直接投资行业及企业不加以区分的"全盘征用"，并这样描述此时背约国家的内部情形："通常与席卷一切而又暴烈的剧变相关联，从而改变了基本的政府架构和整个国家的政治经济体制与意识形态。"Basche（1979）研究了 20 世纪 70 年代被征用的 233 家美国公司，提出了一个广受引用的解释："（此时）政治的变动不仅是政治领导人和政府官员的变动——而是，更本质上的，政治与社会意识形态的更改。"

因此，按时间顺序考察政治革命型违约与征用，首先是多发于"二战"前政局剧变的国家，如 1932 年希特勒上台后的德国；再就是在"二战"前后独立的前殖民地国家，以及在"二战"后至 20 世纪 70 年代末倾向左翼社会思潮的发展中国家中更为多见。20 世纪 70 年代初的智利的违约与征用就是后一时期的典型案例。1970 年 9 月，城市产业工人和矿区工人的选票将左派社会党候选人阿连德"抬进"智利总统府，上台伊始，阿连德政府"建设社会主义"的施政纲领明确提出"停止偿还外债……外资控制的命脉企业无价收归国有，大农庄土地无偿分给农民，大众企业无条件国有化"（鲍里索夫·阿，1976）。于是，国内政权与政策的转变直接导致智利在 1972 年和 1974—1975 年的主权违约。

如果这种解释是真实的，那么在一国发生政治与社会结构剧变之时或者之后，就可以预见到主权违约与征用发生。为此，本书提出假设 H4.1。

H4.1：如果一国爆发政治革命并导致政治结构剧变，那么该国主权违约并征用的概率将显著增加。

2. 政治风险型违约与征用

另一种类型的违约与征用，发生于一国经济表现不佳、政局失稳而给政府造成压力时，决策者出于自身政治利益的谋划，将外资作为转移视线的替罪羊，从而选择了违约并征用。本书将这一类情况称作政治风险型违约且征用。1975 年以后，第一类政治革命型的违约且征用逐渐减少，此后的大部分国家背约行为都由政治风险因素诱发。结合之前的理论分析，这部分国家应具有较高的风险规避程度，于是在经济状况恶化以及遵守引资协议的奖赏下降时，选择了违约且征用。

主权违约与征用的诱因，应首先从东道国的宏观经济与政治层面进行探究——这种观点在政治学与国际商务研究中都非常常见，并被国际商务研究者归纳为对国际投资的"政治风险"的研究。Kobrin（1979）认为，此时出现违约与征用，都是因为政府感受到了政治上的反对势力、媒体或是社会团体施加的压力，这种压力往往来自国内经济发展不如人意或是国际收支的严重失衡。因而，一方面，外资被当作国内经济与政治问题的替罪羊，政府在此时选择违约并征用具有很强的象征意义；另一方面，违约与征用也带来了实际利益，政府通过截留了本应偿付国际投资者的本金、利息与利润和夺取外资企业的所有权，得以在短期内迅速增加财政收入。

除了诱因不同，政治风险型征用与政治革命型征用还有一点不同的是，前者伴随违约发生的征用多是"选择性征用"，而非后者的不加选择的"全盘征用"。在发生政治风险型违约与征用的国家，外商直接投资企业被征用的概率与所在行业部门、技术和所有权结构等因素有关。

首先，在国家安全相关行业（如公用事业、通信等基础设施行业）、和国家经济命脉相关行业（如银行业、自然资源采掘业）运营的外资企业最易成为征用目标。国家安全相关行业具有较高政治敏感性，经济命脉行业除具有政治敏感外，还兼具国家经济主权意义。特别是其中的采矿、石油等部门，与东道国本土经济一般联系较少，东道国从中获益不多；再加上如果初级产品又是该国主要出口产品时，自然资源采掘部门就极易成为首选征用目标。其次，生产中采用的技术因素也影响企业命运。如果企业或其所处行业采用的技术较成熟且已被东道国或其他国家企业所掌握，那么遭受征用可能性更大。最后，与合资企业相比，外商独资企业及外资占股比例特别大的 FDI 项目，更易成为征用目标。所以在考察政治风险诱发的违约与征用时，即使面对同样的东道国宏观经济环境和政治局面，究竟哪些外商直接投资企业会受到影响，还需结合企业层面、项目层面或行业层面的因素具体分析。

依据这种解释，本书提出假设 H4.2。

H4.2：如果一国（1）实际 GDP 增速下降或（2）国际收支差额占 GDP 百分比下降而引发政治危机，那么该国主权违约并征用的概率将显著增加。

二 违约国征用外商直接投资产生条件的实证检验

本节针对表4.2的右下部分显示的主权违约并同时征用的 68 个国家,设计基于假设 H4.1 与假设 H4.2 的实证研究,以检验二者同时发生的条件。

(一)概率回归模型与变量设计

1. 概率回归模型设计

上一节中的数据分析已排除了广义对称奖赏的假设,那么在理论上,违约与征用应同时发生在经济状况恶化且决策者风险规避程度较高时,即在现实世界中,发生在符合政治革命假设 H4.1 或(及)宏观经济恶化引发政治风险的假设 H4.2 时。所以,收益成本分析、理论模型分析与现实中的数据分析均表明,违约发生与否均与东道国经济状况有关,征用决策则受东道国经济状况与决策者风险规避程度双重影响。

记一年东道国 GDP 增速减去前三年增速均值的差为 ΔG。不考虑难以观测的决策者风险规避程度,本书假设回归方程是东道国经济增速变化 ΔG 的线性函数,那么在国家 i 与年份 t 可以观察到违约与征用同时发生,当且仅当

$$D_{i,t} > \alpha_{i,t} + \beta_{i,t} \Delta G_{i,t}$$

$D_{i,t}$ 包括违约与征用同时发生的条件, 不等式右边代指违约与征用单独发生的条件。其中, β 为正表明征用的机会主义条件成立 (即风险规避中性的东道国在经济繁荣时征用), β 为负则表明征用的绝望条件 (即高度风险规避的东道国在经济恶化时征用) 或违约条件 (即东道国在经济恶化时征用) 成立。为增加回归的适用性, 进一步假设 α 与 β 不随国家与时间变化而变化, 且 $D_{i,t}$ 可以线性化, 那么

$$D_{i,t} = \gamma \, \delta_{i,t}$$

因此, 违约与征用同时发生, 当

$$\gamma \, \delta_{i,t} + \varepsilon_{i,t} - \alpha - \beta \, \Delta G_{i,t} > 0 \tag{4-1}$$

其中, 假定 $\varepsilon_{i,t}$ 符合正态分布, 且均值为 0、方差为 1。本书使用 Eviews 6.0, 采用概率值分析估计回归模型式 (4-1)。

2. 变量选取及数据来源

首先, 政治革命假设 H4.1 提出, 一国爆发政治革命并导致政治结构剧变将影响主权违约并征用的概率。为检验这一假设, 本书采用如下三种方法衡量政治危机。

第一种衡量方式, 68 个样本国家中有 28 个国家在 1955 年以后才获得独立, 因此不等式中加入 "新近独立" 虚拟变量以反映东道国是否新近独立。实现独立通常是一个过程, 独立与违约并征用之间的即时相关并不一定会出现。因此, 在估计中, 一国在独立当年的之前三年与之后三年的 "新近独立" 虚拟变量均记为 1。

第二种衡量方式, 增加 "宪政危机" 虚拟变量, 以反映最主要的一种政治危机形式。Marshall 和 Jaggers (2001) 在研究中对全球

大部分国家 1955—2000 年每年的政治体制进行了量化评价，计分从最不民主的独裁政体（－10 分）到最民主政体（10 分）都有分布。根据二者的研究，任何比上一年度评分上升或下降 3 分及以上的情况均被定义为宪政危机。Marshall 和 Jaggers（2001）还在研究中考察过更低的分值变化和变化滞后的情况，但最终均未显示这些测试会显著影响分析结果。因此，本书根据该研究，对 1955—2000 年的样本国家的"宪政危机"虚拟变量赋值。

第三衡量方式，增加"政权更替"虚拟变量，以当年是否发生政治首脑的更替作为政治危机的衡量。数据来自 Beck 等（2001）和 Banks 等（2003）的研究。

其次，政治风险假设 H4.2 提出，一国（1）实际 GDP 增速下降或（2）国内收支差额占 GDP 百分比下降将致使主权违约并征用的概率增加。那么在操作中，一国实际 GDP 增速与其国际收支差额占 GDP 的百分比数据，根据联合国统计司的"国民账户"网页数据与国际货币基金组织的国际金融统计网页数据计算。其中，国际收支差额占名义 GDP 的百分比，即是将一国国际收支差额的正态化处理。经济增速变化 $\Delta G_{i,t}$ 则由当年与前三年实际 GDP 增速数据计算可得。

上述变量数据均可得的年份是 1955—2000 年，68 个样本国家共提供最终观测数据 3128 个，总计同时发生的违约与征用有 93 次。违约且征用频次计算标准是，其中央政府从开始违约至达成债务重组协议后三年这段时间内，若有一年对某一个行业任意数目企业实施了征用，记为一次违约且征用。因此，若东道国在债务违约期对多个行业或多年内均实施了征用，则被记为相应次数的违约且征用。表4.3归纳了上述变量说明与数据来源,表4.4为变量的描述统计。

表4.3 变量说明与数据来源

变量	内涵	代理变量	数据来源
δ	政治危机	"新近独立"虚拟变量	联合国官方网站(2014)
		"宪政危机"虚拟变量	Marshall 和 Jaggers(2001)
		"政权更替"虚拟变量	Beck 等(2001)、Banks(2003)
		实际 GDP 增速	国际货币基金组织(2014)
	宏观经济	国际收支差额占名义 GDP 的百分比	据联合国官网(2014)、国际货币基金组织官网(2014)相应数据计算
ΔG	经济增速变化	当年东道国 GDP 增速减去前三年增速均值之差	据国际货币基金组织官网(2014)相应数据计算

表4.4 变量的描述统计

变量	均值	总体方差	最小值	最大值	国家之间方差	观测值个数
违约且征用	0.03	0.16	0	1	0.03	3128
新近独立	0.06	0.19	0	1	0.05	3005
宪政危机	0.12	0.32	0	1	0.09	3111
政权更替	0.17	0.38	0	1	0.1	2804
实际 GDP 增速	3.65	5.56	−48.8	67.9	2.01	2929
国际收支差额	−3.26	5.74	−37.1	37.6	3.48	2540

（二）实证结果及分析

表 4.5 展示了对模型进行概率回归后的结果。

表 4.5 的第一列显示标准概率回归的结果。根据 Baltagi（1995）的观点，概率模型运用面板数据误差修正方法估计是有问题的，因为不存在一致的固定效应概率估计。因此，本书对每个国家增加个体的虚拟变量，求得特定国家效应的回归结果，并展示在表 4.5 的第二列中。第三列显示随机效应概率回归的结果。

表 4.5 显示，新近独立虚拟变量系数对三种面板数据修正回归方法分别为 0.992、1.18 和 1.09，均一致表现为显著。在回归 2 与回归 3 中，宪政危机与违约且征用事件之间的回归系数分别为 0.94 和 0.626，也为显著正相关性。政权更替与实际 GDP 增速在所有回归中都不显著。国际收支差额系数则只在回归 2 表现为显著的 0.027。由于标准回归和随机效应回归本身的问题，本书以国家固定效应的回归结果即回归 2 为准。

表 4.5　　　　　　　东道国违约且征用事件的回归结果

变量	（1）标准概率回归	（2）无条件的固定效应面板概率回归	（3）随机效应面板概率回归
新近独立	0.992 *** （0.165）	1.18 *** （0.199）	1.09 *** （0.184）
宪政危机	0.067（0.249）	0.94 *** （0.252）	0.626 * （0.32）
政权更替	− 0.066（0.201）	− 0.002（0.229）	− 0.022（0.217）
实际 GDP 增速	− 0.004（0.012）	0.012（0.012）	0.004（0.014）

续表

变量	（1）标准概率回归	（2）无条件的固定效应面板概率回归	（3）随机效应面板概率回归
国际收支差额	0.008（0.011）	0.027＊＊（0.013）	0.018（0.013）
常量	－2.25		－2.4
观测值个数	2540	1906	2540
R2	0.204	0.239	0.220
对数似然比	－168.7	－135.5	－161

注：＊＊＊、＊＊和＊分别表示结果在1%、5%和10%的水平上显著。

关于新近独立虚拟变量的显著性有一个可能的问题，样本中28个新近独立国家都是在20世纪60年代和70年代获得独立的，因此"新近独立"虚拟变量可能会与这个时代世界范围内的某些特殊因素相混淆。为了从中区分出20世纪60年代与70年代世界范围内潮流的影响，本书针对这20年引入时代虚拟变量。

表4.6　增加时代虚拟变量的东道国违约且征用事件的回归结果

变量	（4）固定效应面板概率回归	（5）固定效应面板概率回归
时代：1960s 与 1970s		1.74＊＊＊（0.20）
新近独立	0.45＊＊＊（0.27）	0.26＊（0.17）
宪政危机	0.048＊＊＊（0.01）	0.039＊＊＊（0.01）
国际收支差额	0.011＊＊（0.012）	0.01＊（0.013）
常量	－3.52	－3.58

续表

变量	(4) 固定效应面板概率回归	(5) 固定效应面板概率回归
观测值个数	1895	1892
R2	0.246	0.253
对数似然比	−137.5	−136.1

注：＊＊＊、＊＊和＊分别表示结果在 1%、5% 和 10% 的水平上显著。

表 4.6 中的回归 4 显示剔除不显著变量后的回归结果，因此拟合优度 R2 为 0.246，相对于回归 1、回归 2 和回归 3 中的 R2 均有所改善。回归 5 显示增加时代虚拟变量后的回归结果，其中时代虚拟变量的回归系数为显著的 1.74。所以，回归 5 表明，20 世纪 60 年代与 70 年代确实存在世界范围内影响违约且征用事件出现的特殊因素，或者称为时代潮流。即使分离出显著的新近独立和宪政危机两个变量的影响，该时代变量的显著性仍然明显。这说明，除爆发政治革命（如进入独立进程或出现宪政危机）是影响违约且征用概率的重要因素之外，20 世纪六七十年代特殊的时代特征也显著增加了东道国违约且征用概率。

"二战"结束后，在两极体系格局成形与发展的年代里获得民族解放与国家独立的部分国家，第一次获得了与外资尤其是与代表其前宗主国从事殖民与剥削活动的外资公司讨价还价的强大能力。受到左翼社会思潮影响的政府，在实施"主权独立"与"去殖民地化"的经济政策时，经常倾向于全盘否认前政权外债并全盘国有化外资企业。此时政治革命不仅是政权的变更（政权更替变量在回归 1、回归 2 和回归 3 的结果中也均不显著），而是一国根本的政体形式和意识形态的变更。这种基本政府架构与国家体制、意识形式的剧变，在20世纪60年代与70年代成为一部分独立国家的潮流，具有鲜明的时代特色。因此，在其后年代中，即使具备新近独立或宪政危机条件，违约与征用事件出现的概率也显著下降。

国际收支差额占实际GDP的百分比同样也对东道国违约且征用概率有显著影响。这说明，东道国经济出现问题时，其违约且征用可能性同样会增大。此时，关于违约与征用外资正当性的宣传与口号之下，更多的是国家对所付成本与所得利益之间的实际权衡。此时的征用较明显地表现为行业部门或行业中企业的选择性征用，而非政治革命中不辨行业与来源的全盘征用。Hawkins、Mintz 和 Provissiero（1976）就认为，随着时代演变，经济利益驱动的征用已开始慢慢取代早期"戏剧化的"政治原因诱发的征用。

总之，实证结果支持政治革命假设 H4.1 与宏观经济恶化引发政治风险假设 H4.2。具体来说，新近独立、出现宪政危机或国际收支恶化因素，均显著增加东道国违约且征用的概率。

该实证结果的重要启示是，对于在爆发政治革命并出现政治结构巨变的东道国，或者在实际 GDP 增速下降、国际收支差额占 GDP 百分比下降从而引发政治危机的东道国从事直接投资的跨国公司来说，该国对外债违约并征用境内 FDI 的可能性已急剧升高。当然，实证结果也同样表明，20世纪60年代与70年代特殊的时代因素也显著影响违约且征用事件出现的概率。因此，即使具备政治革命与政治风险假设提出的上述条件，在20世纪后半期，违约且征用事件的出现频率仍将持续下降。

三　最优的自我实施投资协议研究

在发生政治革命型违约与征用的国家，外资可以利用来抵御主权违约及全盘征用的选择很少。但从 20 世纪 80 年代开始，越来越多违约与征用的同时发生是由宏观经济恶化导致的政治风险因素诱发的。因此，"选择性征用"越来越多发，其中外商直接投资企业被征用的概率与所在行业、所采用技术的复杂程度以及所有权结构等有关。那么，在考虑外商直接投资可以利用来抵御"选择性征用"风险的措施时，研究者也主要从行业、技术与所有权角度进行研究。在研究外债供给方如何控制债务国违约风险时，研究结论则随官方政府、商业银行等机构投资者与个体投资者等贷方身份不同而变化，而官方贷款、商业银行贷款或债券等不同借贷形式也同样影响贷方可资利用的避险方式。

本书研究的是东道国对外债违约时征用外商直接投资的问题。因此，本节综合考虑外债投资者与外商直接投资者可采用的风险抵御措施，研究是否存在最优的"自我实施"投资协议，可以最大程度上保证东道国遵守引资协议，保障国际投资者利益。

（一）理论模型构建

在设计一个最优协议时，应明确投资水平 k、东道国状态依存的消费 $c(\theta)$ 和东道国偿付国际投资者的回报 $t(\theta)$。假设出于充分竞争的原因，国际投资者利润为 0，那么最大化东道国福利

期望 $E[U(c(\theta))]$ 的最佳协议应受三类约束。首先是"可行性约束":

$$c(\theta) + t(\theta) \leqslant \theta f(k) \tag{4-2}$$

即,对所有生产率水平冲击 θ 而言,该国保留的产出加上转移给国际投资者的产出,不能超过整个产出。对国际投资者来说,一个单独的"零利润约束":

$$E[t(\theta)] = (1 + r^w)k \tag{4-3}$$

再加上"无违约或征用约束":

$$U(c(\theta)) + P^{DE} \geqslant U(\theta f(k)) \tag{4-4}$$

即,对所有 θ 而言,在任何状态下,国家都要获得足够的消费和获得遵守引入外债和直接投资约定的奖赏,才能阻止其违背引资约定。

将 $\pi(\theta)\mu(\theta)$ 定义为可行性约束的拉格朗日乘数,λ 为零利润约束的乘数,以及 $\pi(\theta)\gamma(\theta)$ 为"无违约或征用约束"的乘数。那么,一个最优协议的一阶必要条件包括:

$$(1 + \gamma(\theta))U'(c(\theta)) = \mu(\theta),$$

$$\mu(\theta) = \lambda,$$

$$\lambda(1 + r^w) = f'(k)E[\theta\mu(\theta) - \theta\gamma(\theta)U^{\wedge\prime}(\theta f(k))]$$

（二）模型的理论分析

上述一阶条件对主权政府和国际投资者意味着什么呢？如果"无违约或征用约束"在任何状态下都不具有约束力的话，即对任何 $\theta, \gamma(\theta) = 0$ 。那么有：

$$U'(c(\theta)) = \lambda$$

也就是对任何 θ ，东道国的消费都被完美地平滑了。此外，投资处在最优水平：

$$1 + r^w = f'(k)E[\theta]$$

而在任何"无违约或征用约束"存在的情况下，有：

$$U'(c(\theta)) = \frac{\lambda}{1 + \gamma(\theta)} < \lambda \qquad\qquad (4-5)$$

这表明，当"无违约或征用约束"发挥效用时，最优协议其实是通过奖赏给东道国更多消费（消费边际效用更低）来抵御违约与征用风险。一个简单的变分参数分析即可得知，这些约束条件只在 θ 水平较高的状态下存在。从直觉上分析，一国会倾向于完全平滑其消费，但只是在偿付约束存在的状态中无法实施。但该约束却在生产水平更高（ θ 更高）的状态下更具效力。这表明，至少在代理人不是特别风险规避时，在契约结构中引入股权可以改善偿付问题。

要了解最优的自我实施协议如何与现实中的契约相联系，可以考虑一个对数效用案例的情况。如之前所述，在东道国经济状况恶化时,最优契约明确了消费的固定数额(即"无违约或征用"约束不起作用);当经济繁荣、产出高涨时期,则允许消费随之增加(即"无违约或征用"约束发挥作用)。在经济状况好的时候,消费数额被决定如下:

$$U(c(\theta)) = U(\theta f(k)) - P^{DE}$$

考虑对数偏好,上式可写作:

$$c(\theta) = \varepsilon^{-PDE}\theta f(k) \tag{4-6}$$

式(4-6)说明,在经济状况良好时,东道国获得产出的一个固定比例 ε^{-PDE},就像在一些特许权使用费的合同中规定的一样。在经济繁荣时,国家遵守契约而获得的奖赏中的份额是不断下降的;在经济恶化时,国家获得的奖赏份额则是上升的。经济恶化时,更大的奖赏可以防止出现主权违约与征用,也可以在更大程度上保障国家有能力应付产出的波动。

尽管在均衡状态中,国家在任何情况下都遵守这个最优的自我实施协议;仅仅是违约且征用的选项都会影响投资者愿意提供的外资数额。以 k 重组一阶条件,可得

$$1 + r^w = f'(k)E\left[\theta - \frac{\theta\gamma(\theta)}{\lambda}U'(\theta f(k))\right] \tag{4-7}$$

其中,θ 水平较高时,期望符号中的部分小于 θ。这就降低了期望回报,并且意味着,当国家不能承诺遵守引资协议时,投资水平就将低于最优水平。

（三）　模型的赋值计算分析

为了更了解最优自我实施协议的特性，接下来对模型进行赋值计算分析。将"可行性约束"中的 $t(\theta)$ 替换掉并重新排列，问题包括选择 k 和 $c(\theta)$ 以最大化 $E[U(c(\theta))]$ ，并受制于投资者"零利润约束"，

$$(1 + r^w)k = E[\theta f(k) - c(\theta)] \tag{4-8}$$

以及对所有 θ 而言，一系列"无违约或征用"约束，

$$c(\theta) \geqslant U^{-1}(U(\theta f(k)) - P^{DE}) \tag{4-9}$$

本书以两阶段算法求解该模型：第一步，对每一个资本水平 k ，找到受投资者"零利润约束"以及国家愿意遵守协议约束的最优的国家状态依存消费水平 $c(\theta)$ 。这同时也展示了国家状态依存的、给投资者的偿付 $t(\theta)$ ；第二步，从第一步的结果中，选择可以最大化东道国期望值的 k 水平。

图 4.2 比较了最优自我实施协议与其他模型中的均衡协议。在图 4.2a 中，本书令 $\sigma = 2$ ；图 4.2b 中，令 $\sigma = 1/2$ 。图中展示了东道国可以从每个模型中得到的产出份额。

如图 4.2 所示，在仅有外债的模型中，债务国特许权使用费占产出的比例呈 Z 形。当产出较低时，东道国选择违约，从而截留资源的 100% 。随着产出增加，与债权人维持良好关系的奖赏随之增加，并最终超过了违约的收益。此时，债务国将产出的 $B/\theta f(k)$ 比

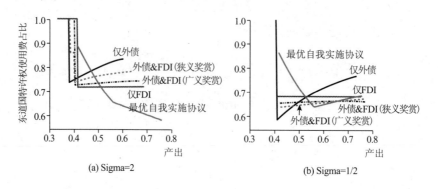

图 4.2 不同引资协议模型中的东道国特许权使用费占比

例转移给债权人，并留下 $1 - B/\theta f(k)$ 比例给自己。因为 B 是固定的，任何产出的增加都将直接归债务国所有，从而提升了它在整体产出中所占的份额。在仅有 FDI 的模型中，东道国占产出的比例也呈类似的 Z 形。当 $\sigma = 2$ 时，东道国出于绝望而征用，因此在产出低迷时，东道国攫取了所有产出。但一旦产出达到一个足够高的水平，国家就开始按比例 α 偿付直接投资者，并保持国内平衡。当 $\sigma = 1/2$ 且其他参数均处于基准水平时，国家从不征用。此时，东道国占产出的比例恒定 $1 - \alpha$。

在东道国同时引入外债和 FDI 的联立模型中，每一种类型外资的特性都在协议中得到了体现。当履约奖赏为狭义对称奖赏且 $\sigma = 2$ 时，国家在产出低迷时违约并且征用，在产出居中间水平时仅违约而不征用，并在产出水平较高时既不违约也不征用。当履约奖赏为广义对称奖赏时，国家的行为模式类似，只是国家不同时破坏也不同时遵守两类引资协议。当 $\sigma = 1/2$ 时，在均衡状态中，既不会发生违约也不会发生征用。从而，国家获得的特许权使用费比例根据其在国家负债组合中的份额随产出增加而增加。

因此，在单纯的举债协议、FDI 协议，或是二者兼而有之的引资协议中，产出与东道国占有份额之间的关系要么是平缓的，要么就是持续增加的。当然，发生东道国违约或征用的时间除外。这也说明，国家选择背约，实际上是为抗衡经济恶化的举措，也是一种昂贵的保险措施。

最优的自我实施协议则从根本上与之相互区别。在产出低迷时，最优协议规定的国家消费是常量的，并作为一个产出方程而下降。在产出高涨时，国家消费随 σ 值的大小、随产出增加而增长。在 $\sigma = 2$，即风险规避程度相对较高时，繁荣时期的国家消费增加速度比产出增长速度更慢，从而特许权占比曲线继续呈向下趋势。所以，与仅有外债或仅有 FDI 的模型相比，最优自我实施协议的风险共同承担部分更多。在 $\sigma = 1/2$，即东道国是相对风险容忍类型时，产出高涨时，消费比产出增长更快，致使特许权占比曲线向上。该曲线更接近于外债协议的情况，这也解释了为什么在风险规避程度较低时外债要优于股权。此时曲线的形状同样也有助于解释，为什么 σ 较低时，征用倾向于在经济繁荣时出现，因为这是 FDI 创造类似于最优自我实施协议的偿付模式的唯一方法。

四　本章小结

本章的创新点，一是建立和分析 1929—2012 年的债务国与 FDI 引资国数据库，提出主权违约并征用的国家行为特征假设，并进行了实证检验；二是在上一章创建的外债与 FDI 联立的东道国引资模型基础上，继续求解最优自我实施投资协议，明确了可以在最大程度上保证东道国同时遵守举债与 FDI 协议的投资协议要素。

本章的研究结论是：第一，经济恶化易导致政府选择对外债违约；大部分国家持风险中性态度，在经济繁荣时，出于机会主义征用外商直接投资资产；并且，现实世界更接近于狭义对称奖赏假设的情况。

第二，若一国（1）爆发政治革命并导致政治结构剧变，或者（2）实际 GDP 增速下降或国际收支差额占 GDP 百分比下降，引发政治危机，那么该国主权违约后实施征用的概率将显著增加。此外，20 世纪 60 年代与 70 年代特殊的时代因素也促使违约国征用 FDI。

第三，跨国公司的最优自我实施协议应包括更多与东道国风险共担部分。经济繁荣时，国家的履约奖赏占产出份额可以不断下降；经济恶化时，国家获得的履约奖赏份额则必须上升，此时更大的奖赏可以防止出现主权违约与征用，并保障东道国平滑消费和应对产出波动。

第五章　主权债务危机影响外商直接投资的机理分析

已有研究注意到，自 20 世纪 80 年代起，主权违约主要以引发主权债务危机的形式作用于境内外商直接投资企业即跨国公司，同时影响外商直接投资的流入，并为此积累了不少案例研究和描述性研究。但目前仍缺乏理解主权债务危机如何作用于 FDI 的分析框架。

为此，本章结合不同时点、不同类型、不同融资渠道、不同投资主体、不同本地化（或者说国际化）程度、不同投资目的以及在不同产业和行业部门运营的 FDI 的不同特征，就主权债务危机影响外商直接投资的机理进行具体分析，并讨论影响渠道及机理之间的相互作用，最后总结不同 FDI 所受的各不相同的多重影响。

一　主权债务危机影响外商直接投资的渠道及机理分析

本节分析主权债务危机影响外商直接投资的机制，具体包括基于金融市场渠道、金融机构渠道、实体经济渠道、东道国政策渠道、贸易渠道以及预期渠道的六种影响机理。

（一）基于金融市场渠道的影响机理

主权债务危机主要从两方面影响本国金融市场：一方面是诱发或伴随有货币危机（即外汇市场危机）；另一方面是导致资本流动异常以及资产价格暴跌。货币危机在大部分时间里与债务危机如影随形，其主要表现形式有：固定汇率体制崩溃、汇率下跌与本币迅速贬值。金融危机理论研究与实证研究也表明，爆发债务危机的国家均会发生高风险市场资本的大幅外流，并引发本土证券市场、房地产市场等资产价格大幅下跌。

从 FDI 进入与运营的不同时点出发，分别分析其受到的东道国通过金融市场传导的——本币贬值与资产价格下跌的影响，线索会更清晰。

（1）在 FDI 选择要不要进入东道国之时，东道国本币贬值再加上资产价格下跌，会让部分资金雄厚并渴求东道国优质资产的直接投资者认为危机之时正是进入良机。

发达东道国本币贬值与资产价格下跌，意味着其企业的研发能力、科研技术、设计能力、品牌和高端人才等创造性资产价格下降；自然资源丰富的东道国本币贬值与资产价格下跌，意味着其能源、矿产和原材料行业企业股价下跌。这些对于渴望获取国际创造性资产和自然资源的新兴市场国家企业来说，都是不可多得的良机。

比如在 2009 年，全球金融危机持续蔓延和欧洲主权债务危机爆

发的大背景下，我国央企①对欧盟国家的直接投资流量却同比增长了
535.1%（李桂芳，2011）。其中，东道国中最受我国央企青睐的行
业，正是矿产资源、能源、金融证券、房地产和保险等受危机影响
深重因而资产价格下跌幅度较大的行业（李桂芳，2011）。

（2）在 FDI 选择进入东道国方式之时，东道国本币贬值与资产
价格下跌，会促使前来"抄底"的直接投资者更倾向于采用兼并与
收购（Mergers & Acquisitions，M&A）或者参股的方式，迅速进入东
道国，而非创建企业的"绿地投资"方式。

（3）正在东道国运营的 FDI 企业，既是东道国本土经济的一个
组成部分，也是国际生产性资本跨国运营的一个环节，这种双重性
质决定了其所受影响需要从两方面进行分析。

一方面，东道国本币贬值、资产价格下跌对运营中的 FDI 企业
与本土企业有类似影响机理。

首先，本币贬值会影响危机国进出口商品的价格，导致该国出
口增加和进口减少。此时的外商直接投资企业和本土企业一样，专
注于出口市场的企业产品将获得一段时间内领先于别国竞争对手的
价格优势，而需要大量进口原料和半成品的企业则将面临生产成本
的大幅上涨。

其次，资产价格下跌，则会导致外资企业与本土企业股票价格
缩水、市值下降，以及企业持有的金融与房地产等资产价格下跌，
此时企业易出现账面亏损和财务危机。运营中的 FDI 企业也可能会

---

① 央企，指由我国中央政府控股和国有资产监督管理委员会管理的有限责任公司和
股份有限公司等各类形式的企业。

和东道国本土企业一样，以收缩业务与经营范围、减少新建项目投资和研发投入、裁撤员工等方式来暂时规避风险。

另一方面，东道国本币贬值、资产价格下跌对运营中的 FDI 企业有特殊影响机理。

将外商直接投资分类后再分析，更有助于理清本币贬值、资产价格下跌对其造成的影响。根据外商直接投资者在东道国是经营和母国相同产业的企业还是经营和母国不同产业但都是处于所在行业价值链上游或下游的企业，可以将外商直接投资分为水平型外商直接投资（Horizontal FDI）和垂直型外商直接投资（Vertical FDI）。水平 FDI，也称横向 FDI，Markusen（1984）率先构建其理论模型，并指出，水平 FDI 企业在包括母国在内的多个国家同时从事相同或相近产品的生产活动，并向当地市场进行销售；垂直型 FDI，也称纵向 FDI，其理论模型首先由 Helpman（1984）提出，指企业为实现生产过程不同阶段的专业化，而在东道国设立工厂或建立企业。

水平型直接投资企业的产品多针对当地市场，其企业一般又比本土企业有更多用汇项目，如原材料、专利技术或配方等的进口，以及外籍员工薪酬福利的支付等，造成其企业利润以本币形式产生而成本又随汇率下跌而上升很快。此外，资产价格下跌也同样导致水平型 FDI 企业股票市值和企业所持资产缩水。因此，运营中的水平型 FDI 从金融市场渠道受债务危机负面影响的可能性更大。

而垂直型直接投资企业是针对东道国丰富的自然资源或劳动力资源进行的生产过程不同阶段的专业化活动，多分布在东道国油气矿产等自然资源的开采、提炼与加工部门或电子元器件、鞋袜纺织等劳动力密集型产品的装配和制造部门；其产品主要投放国际市场，以外汇标价出售。本币贬值正好降低了垂直 FDI 在东道国生产、运营的成本，本币贬值再加上资产价格下跌就更给垂直型 FDI 带来兼并收购股权、增持东道国资产的机会，从而使垂直型 FDI 受益的可能性更大。

图 5.1 总结了东道国主权债务危机通过金融市场渠道影响 FDI 的机理。

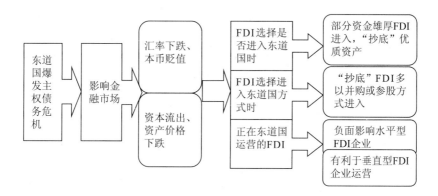

图 5.1　主权债务危机影响 FDI 机理之一：基于金融市场渠道的传导

（二）基于金融机构渠道的影响机理

主权债务危机爆发时，多诱发或伴随本国金融机构的危机，尤其是银行业危机。银行业危机主要表现为两方面：一方面，危机国银行、投行、保险公司等金融机构持有的大量主权债务和高风险行业信贷遭遇巨大风险暴露；另一方面，危机国银行业融资困难，其传统的国内外同行拆借、发行债券和吸纳存款等融资渠道均面临很大阻碍。

银行业是资源配置的中心，银行业危机必然对实体经济产生影响。Bagehot（1973）分析了 20 世纪 30 年代大萧条时代金融部门危机对实体经济的影响。Hunter 等（1999）研究认为，正是因为金融体系缺乏充分的监管，亚洲金融危机中的银行业危机给实体经济带来了长期的破坏性影响。Kaminsky 和 Reinhart（1999）、Eichengreen 和 Rose（1998）等则指出，银行业危机时，经济产出与银行信贷的增长都低于正常水平。Domac 和 Ferri（1999）研究认为，亚洲金融危机中，尤其是马来西亚和韩国两国，银行向中小型企业提供的信贷额度的下降幅度最大。Bernanke 和 Gertler（1989）认为，银行业危机负面影响金融中介服务质量，从而影响到面向市场的信贷供给量。Člhak 和 Brooks（2009）分析了欧债危机中金融行业与实体部门的关系，认为银行信贷减少显著阻碍经济的正常运转。

总结文献中银行业危机向实体经济层面的传导渠道，本书进一步梳理其影响外商直接投资的机理如下。

（1）银行业危机通过影响货币供给数量与价格，影响 FDI 进入与运营

银行业危机打破了正常的货币供给乘数，货币供给减少，从而出现了以信贷要求提高、贷款利率增加为表现的信贷紧缩。一方面，信贷紧缩导致各类消费信贷减少，消费下降，东道国市场需求收缩，从而负面影响针对本土市场的水平型 FDI 企业。另一方面，信贷紧缩导致企业融资成本上升和融资额度减少，但此时分析 FDI 企业所受影响还需根据其资本来源进行区分。如果某 FDI 企业主要通过东道国银行系统融资，那么东道国融资成本上升将使这部分企业减少或停止对生产要素的投资，甚至出现撤资；如果某 FDI 企业主在东道国以外的母国或国际资本市场的融资能力较强，那么东道国融资成本上升反而突出了这部分企业的资金优势。这类企业更容易渡过

难关，还可以选择是否需要借机扩大投资，依靠雄厚的资本力量击垮竞争对手、收购优质资产。

（2）银行业危机通过影响金融服务质量（即信用中介成本），影响 FDI 进入与运营

在信贷市场不完善的假设下，企业外部融资成本要高于内部融资成本，其中的差额也即代理成本（或称风险升水）。银行业危机进一步提升了代理成本，增加了企业融资成本，也降低了企业融资数量。但如同之前分析，有母公司内部融资渠道或在东道国以外的国际资本市场有较强融资能力的 FDI 企业可以例外。

（3）银行业危机打破了原有的债务链，致使债权债务关系混乱，不利于 FDI 企业正常经营和业务结算

对于本地化程度较深的 FDI 企业来说，情况尤其如此。某些本地化程度较深的水平型 FDI 企业，可能会在东道国完成研发设计、生产加工、营销售后等绝大部分经营活动，同时和大量本土企业有行业上下游供货或代理关系，以及业务外包、技术合作或合资关系。如果有企业因信贷紧缩、无法周转而出现亏损乃至破产，将破坏这些有密切业务往来的企业之间正常的债权债务关系，直接影响其中 FDI 企业的经营和业务结算。

（4）银行业危机也加剧了企业和居民对经济前景和收入的悲观预期，从而减少了该国的当期投资与消费，影响 FDI 进入与运营

根据 Dunning（1981）提出的观点，外商直接投资具有市场寻求、效率寻求与资源寻求（包括自然资源和创造性资源）三种目标，

对 FDI 依据目标分类后进行分析。

首先，市场寻求型 FDI 类似于水平型 FDI，会更多地受到东道国市场负面预期的不利影响。其次，自然资源寻求型 FDI 和效率寻求型 FDI，其跨国运营的基本动机是充分利用国际要素禀赋差异，因而对东道国本土市场需求不会那么敏感。自然资源寻求 FDI 和效率寻求 FDI，分别把自然资源采掘加工或者是产品的劳动力密集使用阶段配置在相对成本较低的国家，同时需要进行前后向的中间产品（即零部件）或最终产品的国际贸易。如果其中间产品贸易是跨国公司内部的企业内贸易，那么这时的自然资源寻求 FDI 和效率寻求 FDI 就构成了垂直 FDI 的两种表现形式。最后，创造性资源寻求型 FDI 是为获取和利用东道国的研发能力、管理经验、专利和关键技术诀窍等创造性资产而进行的跨国投资，东道国市场预期对其的影响需根据不同创造性资源寻求型 FDI 的不同市场指向具体分析。

图 5.2 总结了东道国主权债务危机通过金融机构渠道影响 FDI 的机理。

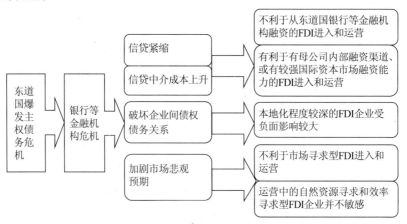

图 5.2　主权债务危机影响 FDI 机理之二：基于金融机构渠道的传导

（三）基于实体经济渠道的影响机理

由主权债务危机引发或与其伴生的货币危机，虽然可以在一段时间内提高危机国商品的出口竞争力，形成"竞争力效应"。然而从总体上说：第一，本币贬值将使存在大量净外币债务的企业资产负债情况恶化、净值减少，再加上银行业危机导致的企业外源融资成本上升，因此企业投资必然减少，即"资产负债表效应"（Bernanke和 Gertler，1989；Krugman，1999）；第二，金融市场和金融机构危机将减少居民消费和企业投资，进一步影响企业净值和利润，并减少就业，使国内经济紧缩，形成"金融加速器效应"（Bernanke、Gertler 和 Gilchrist，1999）；第三，政府提升利率以缓解外汇市场危机时，或是银行业危机和资本外逃使得国内利率上升时，融资成本会更加上升，货币危机和金融机构危机也使得不确定性增加，投资和产出下降，产生"利率效应"。

而"资产负债表效应""金融加速器效应"和"利率效应"的负面影响足以抵消"竞争力效应"的影响。这意味着，危机国私人消费（C）、投资（I）与政府支出（G）下降的水平，远远超过其净出口额（X）增长的幅度。因此，债务危机对东道国经济的冲击，将集中表现为消费不振、投资下降与失业增加，最终导致 GDP 增速下降。主权债务危机向实体经济的传导需要一定的时间，而一旦对实体经济的影响形成，就更难以实施有效控制和救助。

（1）消费与投资下降对不同时点、不同类型 FDI 的影响。

债务危机对实体经济的影响，首先就表现在消费与投资下降。实体经济一旦发生消费与投资下降的紧缩效应，就将有 22% 的概率引发经济萧条，有 3% 的概率诱发经济衰退（Barro 和 Ursua，2009）。此时想要重振消费、重启投资，显然需要更多的时间和代价。

总体来看，对生产性资本的跨国流动——FDI 来说，正处于消费和投资下降阶段的国家并不是个最佳的区位选择对象。正受债务危机困扰的国家不仅当前政府和居民消费持续下降，未来市场潜力如何也充满不确定性。国际直接投资者会怀疑，萎缩中的市场是否能容纳新的跨国公司进入并给其足够的发展空间。当然，也不排除有部分 FDI 为危机东道国的优质资产甩卖或吸引投资的政策等所吸引，仍选择在此时进入东道国。那这就要求这些企业自身有较雄厚的资金背景尤其是有东道国之外的融资渠道，以及拥有较强的抵御市场波动风险的能力。

对于已在东道国运营中的 FDI 而言，受市场萎缩影响最大的仍然是市场寻求型 FDI 企业，以自然资源或效率为主要诉求的 FDI 企业一般受东道国消费和投资下降影响不大，而创造性资源寻求型 FDI 企业所受影响取决于其产品投放市场是东道国还是国际市场。

（2）持续时间不长的失业率上升可能吸引创造性资产寻求型 FDI 进入，也可能有利于以学习和获取创造性资产的 FDI 企业运营。

实体经济发展受挫、消费萎缩与投资下降，使企业利润率下降、减少或停止运营项目，还会以裁员、减薪等方式削减开支。政府部门收缩财政支出的政策中也包含裁撤公务员岗位的方法。经济疲软，更难以创造足够数量与质量的新岗位容纳新进入就业市场的人群。因此，危机国普遍出现失业率上升趋势。

然而，对自有资本充足或国际融资渠道通畅且产品面向国际市场而非东道国市场的创造性资产寻求型 FDI 而言，某些东道国的失业增加倒可能是值得考虑的区位优势。创造性资产指需要以人的智慧和经验在支持型的制度环境中长时间创造和积累才能拥有的企业或东道国资产，如研发创造能力、生产组织与管理经验、技术诀窍、品牌、专利等。创造性资产不同于东道国天然拥有的要素禀赋，只有少数优秀企业通过长时间的创造、发展才能形成。有的创造性资产可以通过贸易获取，比如，企业可以引进国外的管理人员与技术人员，也可以购买专利等知识产权产品。但贸易只部分地便利了企业利用创造性资产。为了发展创建自身的创造性资产，同样也是为了直接进入创造性资产产生和使用的环境，以便更充分地利用这些资产，一些新兴工业化国家企业积极走上了通过向发达国家直接投资来发展自身能力与品牌的道路。发达东道国失业增加，意味着可能有更多数量的、要求回报也更低的中高级管理人员、技术骨干回到就业市场。这就有可能吸引创造性资产寻求型 FDI 进入，也更有利于正在运营中的创造性资产寻求型 FDI 企业以相对较低的成本扩充人才储备。

一旦危机持续，经济连续数年地衰退，资本将过时退化，而失业人群的工作技能也将逐渐丧失，这些更会让危机国业已高企的失业率无法逆转。长期无法逆转的失业率，将降低东道国劳动生产率和生产力水平，极大地破坏其人力资本水平和人力资源储备。因此，失业增长情况持续过长，将导致各类 FDI 流入减少，使境内 FDI 企业撤资。

（3）GDP 增速下降使新增 FDI 减少，使运营中的市场寻求导向型的 FDI 企业减资或撤资，但短时期内对运营中的自然资源和效率寻求型 FDI 企业影响不大。

GDP 增速是国际直接投资者判断东道国市场潜力与未来市场规模的重要指标。FDI 作为整体而言，往往规避处于萧条甚至衰退中的经济体，以避免东道国未来经济与制度环境的不确定性。对已在经营中的 FDI 企业而言，市场寻求导向型的 FDI 企业可能会收缩业务、减少或撤回投资。短时期内，在东道国以寻求自然资源或效率为主、产品面向国际市场的 FDI 企业受东道国产出增速下降影响不大。

图 5.3 总结了东道国主权债务危机通过实体经济渠道影响 FDI 的机理。

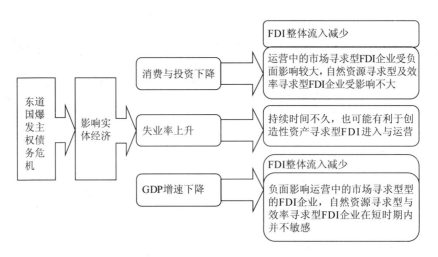

图 5.3　主权债务危机影响 FDI 机理之三：基于实体经济渠道的传导

（四）基于东道国政策渠道的影响机理

一国主权违约的最终直接原因，就是其财政收入不敷债务偿付支出。因此，爆发主权债务危机的国家迫于国内外压力，首先采取的调整政策就是增加政府收入、减少财政支出。

1. 各种增收减支政策对 FDI 进入与运营的复杂影响

首先，财政困难时期，主权政府的第一个增税药方通常是增税。此时的增税通常包括以下项目：提高金融机构税负、上调资本利得税、上调自然资源税率、提高增值税税率、提高个人所得税起征点和房产税起征点、对进出口商品增收关税、开征物业税和奢侈品税等。增税措施将负面影响在东道国经营的各类企业的利润。

尤其是，有的债务国政府还会颁布特殊的进出口商品门类和额度规定、实施外汇管制措施来截留境内外汇收入。对 FDI 投资企业来说，这些措施虽然并不涉及企业控制权和所有权，但却会损害在东道国经营的 FDI 企业的利润并造成企业国际贸易和利润汇出的困难。尤其有些细微的税收体制的改变，是特地为侵占某种特定 FDI 的收入回报而设计的，这些设计不易被外部观察者察觉和辨别。实际上，不管是普遍的还是特地为 FDI 设计的增税和贸易与外汇使用的限制规定，已构成了东道国政府对 FDI 投资回报的间接征用。

间接征用的负面影响是隐性的，不像直接征用可能将导致东道国政府遭受惩罚，FDI 企业很难向母国与国际社会指证东道国间接征用以获取救助。FDI 本来就不享有固定和明确的投资回报额度，很难区分一个 FDI 企业此时的利润下降是由于政府间接征用行为的影响还是企业自身的经营欠佳。

其次，危机国政府增收方式之二是增加公共事业收费标准，比如提高大学学费、自来水费、高速公路使用费等。除非 FDI 直接投资于这些行业，否则一般很难说增加公共事业收费于 FDI 企业运营有任何增益。

减少医疗、教育、养老等福利开支常常是危机国政府最受关注的减支措施。裁撤公务员岗位与降低公务员薪资也是其中常见的减支方法。这些措施一方面容易引起东道国居民生活水平下降、失业率上升、收入减少和消费降低；另一方面也易引发民众对当政政权与执政党的不满情绪，使政局动荡不安，增加东道国未来经济与政治的不确定性。对国际直接投资者和东道国的 FDI 企业而言，这类减支措施的出台都绝不是利好消息。

最后，危机国减支政策的另一个部分——私有化国有企业与减少国有企业补贴，还是给 FDI 进入与运营带来新的机遇。第一，某些之前被东道国视为经济命脉或有战略意义的行业，可能会在国有企业私有化的浪潮中放开，例如，金融、自然资源、水电供应等公用事业建设甚至部分军民两用的高科技行业（如航天航空等）。市场寻求、自然与创造性资源寻求等各种导向、各种类型的 FDI 都有可能在其中找到难得的机会，迅速进入平时难以企及的领域。特别是源自国资控股背景企业和主权财富基金的 FDI，此时也可能受到更少的东道国政府和社会的质疑和干扰。第二，东道国减少国企补贴，增加了其所在行业的市场化程度，给 FDI 提供了参与公平竞争的环境。

2. 产业结构调整对不同行业 FDI 有不同影响

受债务危机冲击最严重的多是金融、房地产等高风险行业以及餐饮、旅游和运输等顺周期的服务业。一方面，资本主动从这些行业抽离避险；另一方面，危机国也多进行产业结构调整，以加强实体经济建设为结构调整的指导方针。倘若产业调整的配套激励措施实施有效，东道国将出现农业、林业、渔业和制造业产出占比增加的局面。这有可能有利于从事第一、第二产业运营的 FDI 进入与运营，当然也会使主营金融业、房地产行业和顺周期行业的 FDI 流出，也使持有大量亏损行业资产的 FDI 面临困境。

图 5.4 总结了主权债务危机基于东道国政策渠道影响 FDI 的机理。

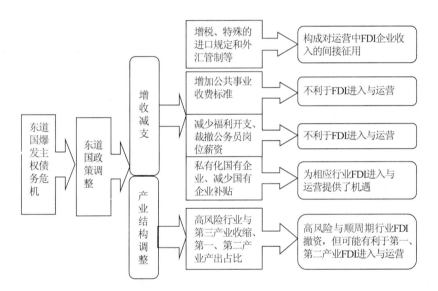

图 5.4　主权债务危机影响 FDI 机理之四：基于东道国政策渠道的传导

（五）基于贸易渠道的影响机理

外商直接投资更多地承载了当代的国际分工，这种分工不仅表现为商品之间的贸易，还越来越多地表现为某一种产品在加工工序、制造过程以及生产要素之间的贸易。随着当代国际分工发展得越来越细致化和层次化，就生产同一种产品的外商直接投资企业和本土企业相比，通常外商直接投资企业涉及的国际贸易链与国际资本链更长、涉及的经济体也更多，从而所受债务危机基于贸易渠道的影响也更复杂。

（1）东道国贸易量变化其实具有不确定性，因此即使是面向国际市场的 FDI 企业也不一定实现出口增加。

一国发生危机将导致该国收入下降，从而导致包括进口品在内的需求下降，进口减少，即"收入效应"，也导致其汇率下跌，从而导致该国出口商品具有价格竞争力，出口增加，即"价格效应"。从这个角度分析，"收入效应"与"价格效应"将导致危机国净出口量增加。

但东道国企业的资产与负债存在外币敞口时，货币贬值将改变其资产负债情况，再加上金融机构危机构成的外源性融资约束，导致企业投资和需求减少，导致企业的出口量收缩，形成"资产负债表效应"（Cespedes 等，2000；Aghion 等，2001；Gertler 等，2001）。如果劳务与商品价格符合刚性假设，再加上危机来自经济基本面，或是来自大笔国际游资冲击，就有可能出现"汇率超调"。此时，对有净外币债务企业来说，汇率下跌对资产负债表的冲击将更大，使"资产负债表效应"更显著。所以，最终危机国的国际贸易净值能否增加还是个问题。

因此，由于危机国"收入效应""价格效应"和"资产负债表效应"的相互抵消，即使是针对国际市场的垂直型 FDI 企业，也并非每一个都能借助本币贬值的"价格效应"实现出口增加。

（2）东道国企业间和银行贸易融资情况均发生变化，影响 FDI 企业贸易融资数量、价格等，最终也将影响其贸易规模。

主权债务危机爆发改变了东道国原有的贸易融资模式，进而也会影响东道国的出口量。贸易融资包括两种形式：一种是企业之间的贸易融资，比如本国企业之间、与国外企业之间的赊销和延期付款；还有一种是银行贷给进出口企业的贸易融资，像银行对企业的打包放款、买方信贷和卖方信贷都属于此类。

一方面，东道国债务危机通过企业贸易融资渠道，影响 FDI 企业的贸易融资数量、成本乃至正常运营。

企业之间的贸易普遍在货物所有权转移的时间和资金转移的时间上并不同步，构成企业之间复杂的债权与债务关系，这也是商业信用的表现形式之一。企业的贸易融资由资产和负债两部分组成，其中，企业贸易融资的资产主要有买进预付款和卖出应收款；相应地，企业贸易融资负债主要有卖出预收款和买进应付款。那么，东道国债务危机是怎么影响 FDI 企业贸易融资的呢？

首先，危机爆发影响 FDI 企业与其贸易伙伴之间的融资数量。从 FDI 企业向其国内外贸易伙伴提供的融资来看，危机导致 FDI 企业普遍资金短缺，对其贸易伙伴提供贸易融资的额度降低、时间缩短；从贸易伙伴方向 FDI 企业提供的融资来看，如果危机已对周边地区其他国家造成严重影响，那么 FDI 企业的国内外贸易伙伴向其提供的融资也会减少。总体来看，在主权违约的大环境下，境内 FDI 企业信用评级将普遍下降，其贸易伙伴会更加关注和担心对其再进行贸易融资的违约问题发生，企业之间的资本流动将趋向于缩紧。

其次，危机爆发也影响了 FDI 企业向其贸易伙伴间融资的价格。企业贸易融资，指贸易企业与其贸易伙伴方之间的融资。债务危机中的企业往往希望更快地收回资金，那么出售产品的企业给予的折扣会更多，而买进产品的企业将尽可能地延期付款。所以，上述因素的共同影响只能导致 FDI 企业的企业贸易融资成本上升。

最后，危机通过企业贸易融资渠道，影响 FDI 企业的运营。运营资金总是有限，部分卖方企业会把买方的预付款充作运营资本，买方企业也可能把对卖方企业的延期付款当作运营成本。而债务危机使得金融紧缩，买方企业提前付款减少，延期付款增加，从而导致危机国内 FDI 企业可能面临运营资本短缺、流动性风险增加。

另一方面，东道国债务危机通过银行贸易融资渠道，影响 FDI 企业银行贸易融资的需求、数量和价格。

除了有企业贸易融资，银行等金融机构也给从事国内外贸易的企业提供贸易信贷与融资。尤其为激励国际贸易和获取利润，银行等金融机构多以进口押汇、出口押汇、信用证打包放款、贸易信贷等方式，向进出口企业提供贸易融资。

危机爆发对 FDI 企业向银行进行贸易融资的需求产生双向影响。一方面，危机增加了贸易的负面预期，减少了各类企业向银行进行贸易融资的需求；另一方面，一旦企业流动性紧缩，预期进行贸易的企业也多面临资金短缺，造成贸易伙伴之间贸易融资同样困难，可能又还会更多地寻求银行的贸易融资，从而导致对银行贸易融资的需求增加。但不管需求是减少还是增加，银行对各类企业的贸易融资能力、额度、成本、时间都会发生不利于企业贸易的变化。

首先，伴随债务危机的银行业危机致使金融机构无法发挥应有功能，而且此时，危机国银行以其信用为保证的国际与国内贸易融资也会被认为具有违约风险，这种不确定性的增加以及贸易信贷保险的缺失将对危机国 FDI 企业的国内外贸易产生负面影响。

其次，伴随债务危机的银行业危机使银行减少了贸易融资。随债务危机而来的金融机构危机使银行面临流动性和资本两类约束，而遵照新巴塞尔协议，银行在经济紧缩时应减少高风险资产规模、下调杠杆比例。而与贸易融资大多属于短期融资，银行能较为便利地实现调整。所以，贸易融资通常将大幅度减少。

最后，危机爆发使 FDI 企业向银行进行贸易融资的价格上升、所需时间延长。债务危机爆发时整个金融体系流动性短缺，那么，包括贸易融资的所有贷款利率都将上升。在实际操作中，每一笔业务的融资条件是一一确定的，债务危机导致的银行信用变化，也使以银行信用为担保的支付方式变化，使货物在装船前等待更长的时间，从而耽误国际贸易交易的速度。

债务危机还会恶化 FDI 企业的企业间贸易融资和与银行之间的贸易融资，从而对 FDI 企业的贸易规模产生负面影响。接下来，本书对这两方面融资情况的变化分别予以分析。

从企业贸易融资角度来看，企业间贸易融资数量减少、成本增加，会对国内、国际贸易规模均产生不良影响。从银行贸易融资角度来看，企业向银行进行贸易融资的需求发生变化，银行贸易融资能力、数量降低而成本升高、时间延长，同样会负面影响国内、国际贸易规模。以进口押汇为例，危机时，银行可能会拒绝向进口商提供押汇（或者减少押汇额度），使从事进口的 FDI 企业无法获得支付进口的资金；银行也可能提高押汇利率水平，使进口的 FDI 企业债务负担沉重。另一方面，危机中不确定性增大，国际贸易中的违约风险、支付风险等风险敞口增大，导致业务成本和价格增加，那么将加重专注出口的 FDI 企业负担。

（3）东道国国际贸易的直接与间接支付方式均存在障碍，不利于大量从事国际贸易的 FDI 企业支付和结算。

普遍而言，FDI 企业（尤其是垂直型 FDI 企业）与东道国本土企业相比，涉及国际贸易更多，货物与资本链条更为复杂。这虽然让 FDI 企业可以专注于自身的比较优势，从而从国际分工与规模经济的发展中获益；但同时，债务危机也更易于通过贸易支付方式影响这类企业。

图 5.5 显示了国际贸易所涉及的支付链条。在进行国际贸易时，商品运输及到货时间与客户支付及结汇时间不能完全一致，导致订约、制造、物流、交付与相应款项支付很难同时进行，款项交割与货物交割存在矛盾。图 5.5 上半部分可以看出，企业之间以预付款、交货同时付款和赊销暂缓付款的方法进行企业间融资与直接支付。但这种支付方式一来易使企业因利用内部资金而产生内部与外部的流动性风险，再来也会使赊销企业与预付企业暴露在违约风险之中。

图 5.5 下半部分展示了银行和保险公司等金融机构可以以信用证、跟单托收以及出口信贷保险等方式，为贸易企业提供间接支付方法。这样，金融机构作为进口商与出口商之间的中介，为双方安

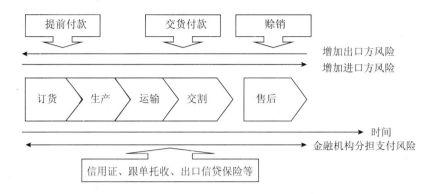

图5.5　国际贸易支付链

排了更安全和更保险的多种间接支付方式。银行贸易融资与间接支付结合在一起，令出口方可以更早回收货款，也令进口方不需要使自身资金在收到货物前面临风险暴露。

危机时期，违约风险大幅增加，企业间的赊销等不再是国际贸易中易于被接受的支付方式，贸易伙伴之间纷纷选择基于银行信用的间接支付方式；并且，即使在银行信用支付中，贸易伙伴企业也倾向于接受更高信用等级的支付工具，而拒绝信用等级较低的支付工具。对银行和金融机构提供的间接支付方式需求的增加，再加上危机时期整个贸易支付风险的增加，共同导致了间接支付方式成本的上升。并且，当银行业危机伴随债务危机发生时，银行等金融机构也无法完成正常的支付结算工作，从而导致间接方式的国际贸易支付也出现障碍。因此，一方面，直接支付方式向间接支付方式转变，本身就给国际贸易参与方增添了额外成本负担和费用；另一方面，金融机构正常功能遭到破坏使国际贸易货款的间接支付方式也存在障碍，这些都将对需要大量从事国际贸易的 FDI 企业产生负面影响。

图 5.6 总结了东道国主权债务危机基于贸易渠道影响 FDI 的机理。

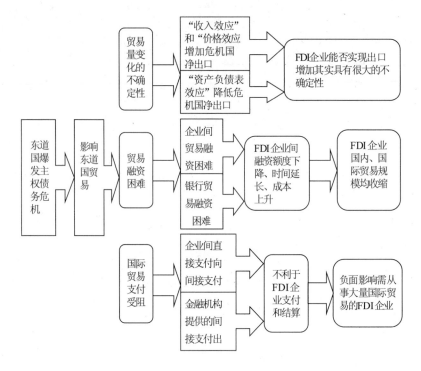

图 5.6　主权债务危机影响 FDI 机理之五：基于贸易渠道的传导

（六）基于预期渠道的影响机理

主权债务危机的爆发既是市场预期作用的结果，也是市场预期进一步恶化的原因。投资者对东道国心理预期的变化和投资者信心危机造成的投资者情绪与行为的改变，是通过预期渠道传导危机的主要机制（李小牧，2000）。考虑到信息在基于预期渠道的影响机制中的重要作用，本书将信息分为"真实信息"与"虚假信息"两类，分别研究基于不同类型信息的预期变化对 FDI 投资与运营方的影响。

（1）当预期承载的是"真实信息"时，预期为 FDI 的流入与运营提供了预警。

在"真实信息"条件下，主权债务危机爆发使潜在的 FDI 投资方认识到东道国存在的问题，重新评估在该国从事生产经营的风险和收益，从而引起 FDI 整体表现为规避该东道国，是实现帕累托改进的过程。在这一过程中，已在运营中的 FDI 企业同样会重新考虑东道国巨额的经常账户赤字与财政赤字，以及大量短期外债将导致东道国市场与政策出现怎样的变化，而这种变化在短期、中期与长期内对所在行业和自身企业又造成什么样的影响。如果大量市场参与者一致预期，债务危机爆发只是东道国经济长期衰退的序曲而已，最优选择应是在更大的危机发生之前快速转移资本，那么就形成了"自我实现"的危机。当然，其中也不乏部分 FDI 看到危机中的机会，并主动出击、把握机遇。因此，作为生产性资本的 FDI 的流动，与非生产性资本的流动不同。FDI 流动速度较慢，整体流动性不强。所以，是国际银行信贷、国际证券投资等非生产性资本而非 FDI，在危机爆发时常表现快速、大规模的撤离，常被批评为对危机国和整个地区产生了严重的负面影响，恶化和传导了危机。

（2）当预期承载的是"虚假信息"时，预期导致 FDI 流动与运营的误判，但大规模的从众行为与误判的心理传染则将导致危机的自我实现。

现实经济的运行其实符合信息不完全条件，收集全部正确信息成本也过于高昂，因而 FDI 投资方与 FDI 企业无法准确掌握全部信息，导致其可能根据"虚假信息"或"自认为正确的信息"形成预期，进而进行决策。这种调整并非帕累托改进的过程，而是信息扭曲的结果。它包括以下几种情况：

第一，如果 FDI 投资方与运营中的企业错误估计了东道国的市场与政策的可能变动，那么就会错误评估自身在东道国的风险与收益，从而做出错误的退出或扩张的举动。

第二，如果 FDI 投资与运营方将某些市场参与者出于自身原因导致的资本转移，看作该参与者由于知道特定信息而导致的资本转移，或者无法区分其他市场参与者的行为是依据"真实信息"还是"虚假信息"做出的选择。此时，强大的从众心理也会产生"羊群效应"，导致大量资本转移发生，从而使东道国发生危机。

第三，债务危机发生导致市场参与者对该国金融市场、金融机构与实体经济均表现出恐慌，形成精神传染。而受到危机刺激的市场参与者往往表现出一种"动物情绪"，在排队取款和"先到者先得"的危机恐慌中，"危机均衡"产生，并取代了"好的均衡"。比如，Radelet 和 Sachs（1998）研究认为，有时危机国并不是长期无力偿付外债，而只是短期内流动性不足，但自我实现的恐慌足以使资金撤离该地区，导致东道国真的出现货币贬值与资产价格下降，直至影响长期的偿付能力。

在上述分析中，有一点值得说明。承载"真实信息"的预期和承载"虚假信息"的预期会发生转化。当某个实力雄厚的标志性跨国公司基于"虚假信息"预期一国经济金融情况恶化，从而撤资。这就有可能引导行业内的或基本情况类似于该公司的其他 FDI 投资者，根据经济金融状况恶化后的所谓"真实信息"判断情势，甚至导致集体撤离该国。这样，基于"虚假信息"的预期产生了与经济变量无关的、仅仅是预期渠道的传染，从而导致形成对该国"真实信息"的预期。

此外，还有一些因素导致市场参与者预期变化进而向 FDI 传导了危机影响。比如，危机发生后，市场参与者如果没有事先预期到危机产生，就会怀疑其信息收集技术准确性并对之进行调整，上调类似情况下危机产生的概率，从而导致危机传导；危机的爆发和蔓延也会引起市场参与者对政府政策调整和救助预期的改变，如果东道国政策调整和救助力度没有投资者预期的大，那么投资者也可能依据新的预期转移资本。

图 5.7 总结了东道国主权债务危机基于预期渠道影响 FDI 的机理。

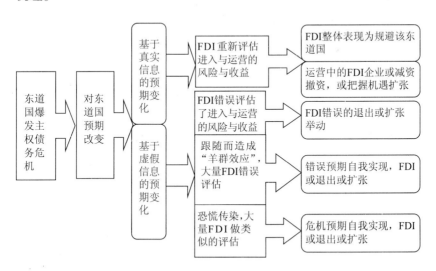

图 5.7　主权债务危机影响 FDI 机理之六：基于预期渠道的传导

二 主权债务危机影响外商直接投资的渠道及 机理之间的相互作用

通过上述分析，可以发现主权债务危机主要通过金融市场渠道、金融机构渠道、实体经济渠道、东道国政策渠道、贸易渠道和预期渠道六种机制影响 FDI 流动与 FDI 企业的运营。这六种机制通过如下的相互作用，最终将东道国主权债务危机的影响传导和扩散至 FDI。

（1）主权债务危机通过金融市场渠道负面影响金融机构，进一步生成金融机构传导机理影响 FDI。

在经典文献中，金融市场危机向金融机构的传导多与政府在金融市场危机出现后是否救市以及如何救市有关。Stoker（1994）认为，当外汇市场面临压力时，一国为了维持汇率稳定会利用外汇储备干预，如果没有可靠的冲销方式，国际储备减少将导致信贷紧缩，增加了银行等金融机构破产和出现全行业危机的可能性。Rojas - Su-arez 和 Weisbrod（1995）研究认为，如果政府提升利率来缓解外汇市场压力的话，脆弱的银行业体系就会陷入危机。Miller（1996）认为，如果银行以其资产在外汇等金融市场投机，那金融市场危机也会导致银行资产的损失，提高银行出现危机的可能性。Allen 等（2003）发现，当金融机构货币错配时，比如，以外币标价的资产小于以外币标价的负债，而该机构又没有对外币风险敞口对冲的情况下，本币大幅贬值就导致其净外币债务的本币价格大幅上扬，该金融机构出现"资产负债表效应"，最终可能导致金融机构产生危机。

　　归纳上述研究，金融市场危机其实是通过以下两个方面影响金融机构。一方面，当政府为缓解外汇市场压力实施干预时，如果采用提高利率的方法，有负缺口①的金融机构的收入增加就将小于成本的增加，从而利润减少、脆弱性增强；如果政府采用抛售外汇的方法，在没有冲销时，就将导致信贷紧缩，容易导致银行业危机。另一方面，当政府没有为外汇市场压力实施干预时，汇率贬值本身也会使企业和银行未对冲的净外币债务的本币标价增加，不良贷款增加和总体资产价值减少，易导致金融机构出现违约甚至破产；金融市场危机也会使银行持有的相应资产风险敞口暴露，资产价值减少，同样容易导致银行业出现危机。

　　如上所述，主权债务危机会通过金融市场渠道影响金融机构，从而构成影响 FDI 的金融机构机制。

　　（2）主权债务危机通过金融市场渠道、金融机构渠道和预期渠道负面影响东道国实体经济和贸易，从而生成影响 FDI 的实体经济传导机理和贸易传导机理。

　　一方面，金融市场危机和金融机构危机会通过企业"资产负债表效应"和从金融向企业和居民传递的"金融加速器"效应，抵消掉金融市场危机带来的东道国"竞争力效应"，使危机国消费和投资下降、失业增加和 GDP 增速下降。另一方面，危机时期，不管是基于"真实信息"还是基于"虚假信息"的预期变化，往往都使市场参与方出现恐慌，形成精神传染，从而使"坏的均衡"取代"好的均衡"，从而使悲观预期在实体经济层面自我实现。因此，主权债务

---

　　①　有负缺口，指浮动利率资产占总资产的比例小于浮动利率负债占总负债的比例。

危机通过金融市场、金融机构和预期渠道负面影响危机国实体经济，从而生成将对 FDI 造成影响的实体经济机制。

　　类似地，一方面，金融市场和金融机构危机导致的"价格机制""收入效应"和"资产负债表效应"的综合作用，使东道国贸易量充满不确定性；另一方面，金融市场和金融机构危机以及市场的悲观预期也负面影响了企业可以获得的贸易融资额度与成本，并形成国际贸易支付的障碍，导致影响 FDI 的贸易机制形成。

　　（3）主权危机还通过金融市场渠道、金融机构渠道、实体经济渠道和贸易渠道影响政府政策制定，生成影响 FDI 的政策传导机理。

　　感受到金融市场和金融机构危机以及实体经济衰退压力的东道国政府普遍实施政策调整，包括财政增收减支和产业结构调整等，从而形成影响 FDI 的东道国政策调整机制。

　　图 5.8 显示了主权债务危机影响 FDI 机制之间的相互作用。

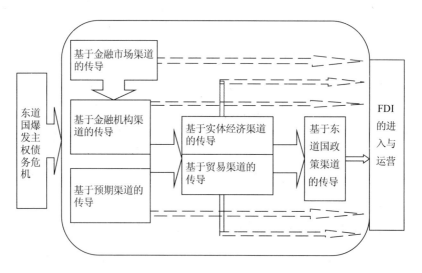

图 5.8　主权债务危机影响 FDI 的传导机理之间的相互作用

三　不同类型外商直接投资所受主权债务危机影响的总结

主权债务危机通过金融市场渠道、金融机构渠道、实体经济渠道、东道国政策渠道、贸易渠道和预期渠道六种机制，分别对不同时点的 FDI、不同类型的 FDI、不同融资渠道的 FDI、不同投资主体的 FDI、不同本地化（或国际化）程度的 FDI、不同投资目的的 FDI 以及在不同产业和行业部门运营的 FDI，产生各不相同的复杂影响。下面从 FDI 的角度，总结不同类型 FDI 所受影响。

1. 不同时点的 FDI 所受的影响

在 FDI 选择要不要进入东道国时，从金融市场危机影响角度分析，爆发主权债务危机的东道国的本币贬值、资产价格下跌，有利于资金雄厚的"抄底"型 FDI 进入；从金融机构危机影响角度分析，只有有母公司内部融资渠道或者是有较强的国际资本市场融资能力的 FDI，才适合在此时进入危机国；但从实体经济危机、东道国增收减支政策、国内与国际贸易不确定性和市场悲观预期影响的角度来看，如果私人与公共部门的消费与投资持续下降，国内国际贸易规模下降、失业率持续上升，GDP 增速长时间下降，就有很大可能引发经济萧条甚至衰退，这将导致 FDI 整体流入减少。

FDI 在选择进入东道国的方式时，东道国本币贬值、资产价格下跌，使"抄底"型 FDI 多以兼并收购或参股方式进入危机国；东道国的金融机构危机则意味着，此时进入的 FDI 需有东道国之外的可靠融资渠道。

对正在东道国运营中的 FDI 企业来说，从东道国政策角度来看，增税、特殊的进出口规定和外汇管制等措施都将构成对运营中 FDI 企业的间接征用。此外，类型、融资渠道、投资主体、本地化程度、投资目的和运营行业各不相同的 FDI 企业，受其他渠道传导的主权债务危机影响不尽相同。

2. 不同类型的 FDI 所受的影响

对水平型 FDI 而言，这类 FDI 在包括母国在内的多个国家从事相同或者相近产品的生产，并向东道国针对本地市场需求、当地销售。从金融市场影响角度分析，东道国本币贬值、资产价格下跌，使水平型 FDI 企业进口与用汇成本上升、股票市值和持有资产缩水，不利于其运营；金融机构危机使其本土融资困难；实体经济不振、东道国实施增收减支政策以及市场悲观预期，也使其市场萎缩，从而整体受到东道国主权债务危机的负面影响。

垂直型 FDI，是跨国公司为实现生产过程不同阶段的专业化，而在东道国设立工厂或建立企业。东道国本币贬值、资产价格下跌，可能有利于垂直型 FDI 企业降低成本、增加出口，有利于其中资本雄厚者增持资产、实现扩张；但金融市场危机和金融机构危机导致的企业融资问题和"资产负债表效应"以及东道国贸易融资困难和跨国支付受阻等问题，不利于企业的贸易融资、支付和结算等活动。因此，即使是垂直型 FDI 企业，也绝非每一个都能在危机之时正常运营，甚至扩大国际贸易规模。

3. 不同融资渠道的 FDI 所受的影响

对于需要在东道国融资的 FDI 而言，东道国金融机构危机令包括企业间贸易融资、银行贸易融资在内的各类信贷收紧、贷款利率上升以及金融服务与中介成本上升，不利于这类 FDI 进入和运营。

对于自身拥有雄厚资金以及拥有较强的国际资本市场融资能力的 FDI 而言，东道国融资困难反而突出其资金优势，使其更易在危机时进入和运营，还可以选择借机扩大投资、收购优质资产。

4. 不同投资主体的 FDI 所受的影响

对源自国有企业或主权财富基金的 FDI 来说，危机国资本抽逃、金融机构流动性匮乏、私人与公共投资减少，再加上东道国实施的国企私有化拍卖等招商引资政策，正给其带来化解东道国政府和社会对国资背景资本的疑虑、渴求其作为新鲜血液进入市场的契机。

5. 不同本地化（或国际化）程度的 FDI 所受的影响

对本地化程度较深的 FDI 而言，东道国金融机构危机破坏了本土企业之间的债务链，使债权债务关系混乱，不利于其正常运营和业务结算；东道国金融机构危机与企业间贸易融资困难，也不利于其本土融资和进行国内贸易；实体经济增长乏力、东道国增收减支政策出台以及市场的悲观预期，更使本土市场需求萎缩，不利于其运营。

对于本地化程度较浅、参与国际分工和国际贸易程度较深的 FDI 而言，其所受影响类似于垂直型 FDI。即短时期内，东道国本币贬值、资产价格下跌，可能有利于部分这类企业降低成本、增加出口，甚至实现扩张；但整体来看，这类企业的贸易融资、跨国支付和结算等活动会受到危机负面影响，而且一旦危机持续时间较长或导致东道国经济基础变量出现问题，也会负面影响这类企业，导致其业务收缩和撤资。

6. 不同投资目的 FDI 所受的影响

对于市场寻求型 FDI 而言，金融机构危机将加剧市场悲观预期，不利于致力于开拓东道国市场的 FDI 进入和运营；实体经济危机、东道国增收减支使私人和政府消费与投资下降、经济产出增速下降，更负面影响其进入与运营。

对于自然资源寻求型和效率寻求型 FDI 而言，进行直接投资是为了将自然资源采掘加工和产品的劳动力密集使用阶段配置在相对成本较低的国家，对东道国本土需求不太敏感，因而受东道国市场萎缩影响不大。如果东道国实体经济受损程度有限，GDP 增速下降持续时间不长，在全球范围内寻求自然资源和效率的 FDI 对危机反应确实不甚敏感，失业率下降还可能有利于这类 FDI 企业降低劳动力成本；但如果东道国经济长期衰退，导致资本形成困难、基础设施老化过时、人力资本退化，那么也将阻碍自然资源寻求型和效率寻求型 FDI 的进入和运营。

对于创造性资产寻求型 FDI 而言，发达东道国资产价格下跌，有利于其中的资本雄厚者收购优质资产、品牌和专利等需要长时间和特定环境才可培育和发展的创造性资产；发达东道国短期内的失业增加，也可能便利其以较低的成本扩充人才储备。

7. 不同产业和行业部门 FDI 所受的影响

对在金融、房地产等高风险行业运营的 FDI，以及在旅游业、酒店业、交通运输业等市场需求顺周期起伏较大的服务业运营的 FDI

而言，债务危机中的金融市场危机、金融机构危机、市场悲观预期以及东道国的产业结构调整政策，都不利于其此时的进入与运营。

但东道国为增加财政收入而实施的国有企业私有化以及减少国有企业补贴等政策，再加上产业结构调整措施，还是可能给相应行业 FDI 的进入与运营提供机遇。

四　本章小结

本章的主要工作也即创新点是，具体分析主权债务危机对外商直接投资的影响机理，并讨论不同传导渠道及其机理之间的相互作用，并总结不同类型 FDI 所受影响。

本章的研究结论是，主权债务危机主要通过金融市场、金融机构、实体经济、东道国政策、贸易和预期六种渠道影响 FDI。基于这六种渠道的传导机理相互作用，最终将由东道国主权违约引发的主权债务危机影响，传导和扩散至 FDI 流动与 FDI 企业运营。

具体来说，东道国主权债务危机对不同时点的 FDI（FDI 选择要不要进入东道国时/选择进入东道国的方式时/正在东道国运营中）、不同类型的 FDI（水平型 FDI/垂直型 FDI）、不同融资渠道的 FDI、不同投资主体的 FDI、不同本地化（或国际化）程度的 FDI、不同投资目的的 FDI（市场寻求型 FDI/自然资源寻求型/效率寻求型 FDI/创造性资源寻求型 FDI 等）以及在不同产业和行业部门运营的 FDI，产生各不相同的复杂影响。

第六章　主权债务危机影响外商直接
投资的经验分析与实证研究

理论命题从经验中归纳，经验又为理论命题提供了证据。本章首先选择 20 世纪两次经典的主权债务危机——20 世纪 80 年代拉丁美洲主权债务危机和 1994—1995 年墨西哥主权债务危机对当时外商直接投资流动与运营的影响进行经验分析。

接下来，本章继续就主权债务危机对外商直接投资的影响进行实证研究。以评级机构发布的主权信用评级为主权债务危机的衡量，实证检验 1995—2008 年，42 个新兴经济体的标准普尔主权信用评级变动对外商直接投资流动的不对称影响，并与其他形式国际资本流动所受的影响进行比较分析。

一　主权债务危机影响外商直接投资的经验分析

40 多年前，主权违约开始导致当事国爆发破坏力与传染性极强的主权债务危机。纵览主权债务危机的历史，20 世纪 80 年代的拉丁美洲债务危机可算是第一次区域性的主权债务危机。

（一）20 世纪 80 年代拉丁美洲主权债务危机对外商直接投资的影响

1. 拉丁美洲主权债务危机概况及其对地区经济的影响

1982 年 8 月 12 日，墨西哥通知外国金融官员，该国中央银行的外汇储备即将告罄，不能再按原计划偿付外债，自此拉开了拉丁美洲债务危机的序幕。墨西哥向国际货币基金组织、外国政府和中央银行请求贷款援助，向各商业银行请求延期偿还本金，并希望重新安排未来几个月即将到期的债务本金偿还时间。此时墨西哥的外债总计超过 800 亿美元，是继巴西之后世界上第二大发展中债务国。当墨西哥开始漫长而复杂的债务重组时，拉丁美洲其他债务国，例如巴西（1982 年的债务将近 880 亿美元）和阿根廷（1982 年的债务接近 400 亿美元），也发现它们不能再获得额外的外国贷款，甚至对到期的短期债务进行再融资也很困难。截至 1986 年年底，拉丁美洲、非洲和其他地区的 40 多个国家遇到了严重的外部筹资问题。表 6.1 列出了 20 世纪 80 年代拉丁美洲主要违约国家及违约时段。

20 世纪 80 年代拉丁美洲各国的主权违约事件酿成了在整个区域内蔓延的主权债务危机。与过去单纯的主权违约事件不同，拉丁美洲主要违约国家的主权债务危机均引发或伴随有银行业危机、恶性通货膨胀和经济产出崩溃，对危机国国民经济造成严重的负面影响。图 6.1 展示了 1816—2009 年，阿根廷主权违约、银行业危机及通胀率波动情况。表 6.2 列出该时段内阿根廷主权违约、银行业危机、产出下降及恶性通货膨胀记录。

表 6.1　拉丁美洲债务危机中主要违约国家及违约时段（20 世纪 80 年代）

国家	违约时段
阿根廷	1982—1993,1989
巴西	1983—1990
智利	1983—1990
厄瓜多尔	1982—1995
墨西哥	1982—1990
巴拿马	1983—1996,1987—1994
秘鲁	1978,1980,1984—1997
乌拉圭	1983—1985,1987
委内瑞拉	1983—1988,1990

注：违约国家指对外部债务违约的国家，违约时段指从违约开始到债务重组计划达成之前。

以阿根廷为例，如图 6.1 和表 6.2 所示，1827—1857 年阿根廷历史上第一次也是持续时间最长的一次外债违约（政府公债违约）并未引发或伴随金融系统危机或通货膨胀。1982 年以后，阿根廷主权违约才开始同时出现银行业危机、恶性通货膨胀、内债违约和产出崩溃等事件，形成主权债务危机。

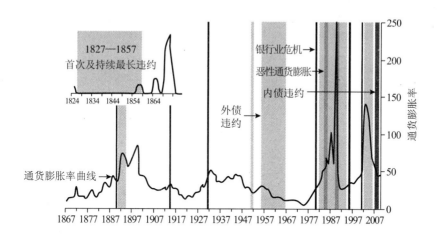

图 6.1 阿根廷主权违约、银行业危机、通胀率示意（1816—2009）

数据来源：Reinhart（2010）。

注：图中仅标注系统性银行业危机的第一年，且内债违约时段与外债违约时段重叠的仅标注外债违约。

表 6.2 阿根廷主权违约、银行业危机、产出下降及恶性通货膨胀记录（1816—2009）

外债违约时段	持续时间(年)	内债违约时段	银行业危机(开始年)	恶性通货膨胀时段	外债违约时段占比(%)	通胀危机时段占比(%)	产出崩溃严重年份及降幅(%)
1827—1857	31	1890—1893	1885	1984—1985	32.5	24.7	1914（-10.4）
1890—1893	4	1982	1890	1989—1990			1917（-8.1）
1951	1	1989—1990	1914				1931（-6.9）

续表

外债违约时段	持续时间(年)	内债违约时段	银行业、危机(开始年)	恶性通货膨胀时段	外债违约时段占比(%)	通胀危机时段占比(%)	产出崩溃严重年份及降幅(%)
1956—1965	10	2001—2005	1931				1959 (-6.5)
1982—1993	12	2007—2009	1934				1985 (-7.0)
1989	1		1980				1989 (-7.0)
2001—2005	9		1985				2002 (-10.9)
			1989				
			1995				
			2001				
事件次数							
7		5	10	2			7
IMF 贷款项目(1952—2009)							个数共计
1958—1962,1967—1968,1976—1977,1983—1984,1987,1989 1991—1992,1996,1998,2000,2003(2)							20

数据来源：Reinhart（2010）。

注：通货膨胀率达到或超过 500% 时，记为恶性通货膨胀。产出崩溃严重年份，记录当事国考察时段内产出降幅最大的 7 年。

拉丁美洲债务危机直接导致 1983 年这些国家产出已出现惊人的负增长——平均达到 -2.7%，与当时亚洲发展中国家产出高速增长的情况形成了鲜明对比。除了1984—1986年GDP增长速度有所回升以外，其余整个80年代，拉丁美洲经济GDP增速都一直在下降。图6.2描绘了20世纪80年代拉丁美洲与全球其他发展中地区GDP增长率对比，展示了拉丁美洲债务危机对该地区经济发展的沉重打击。

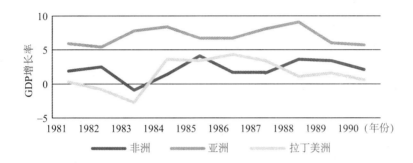

图6.2 拉丁美洲与全球其他发展中地区GDP增长率对比（1981—1990）

数据来源：据世界银行数据库相关数据整理，http：//data. worldbank. org/。

拉丁美洲旷日持久的债务问题促使美国政府于1989年3月提出了以美国时任财政部长尼古拉斯·布雷迪的名字命名的债务重组计划——布雷迪计划（The Brady Plan）。布雷迪计划要求商业银行同意减免部分债务；并要求扩大在二级市场上为减免债务而进行的交易，例如，让债务人以低价回购他们的债务。墨西哥成为布雷迪计划的第一个实验者。到1990年2月，墨西哥债务的面值下降了12%。

墨西哥对美国具有特殊的战略重要性，同时也成为债务国的"典范"。它迅速履行了重组后债务规定的义务，并通过减少政府干预等措施对本国经济进行了大刀阔斧的改革。哥斯达黎加、委内瑞拉和乌拉圭等国也相继开始和国际商业银行谈判并签订债务减免协议。1992年，当阿根廷和巴西与它们的债权人初步达成债务减免协

议时，看起来似乎拉美所有债务国都已度过主权债务危机。但债务
危机给拉丁美洲带来的损失已无法挽回，整个20世纪80年代也被
一些研究者称为拉美"失落的十年"。

2. 拉丁美洲主权债务危机国 FDI 流入与全球其他地区 FDI
流入比较

图6.3描绘了1975—1990年，拉丁美洲国家与全球及发展中国
家 FDI 年流入量的对比。图6.3表明，首先，1980—1983年，全球

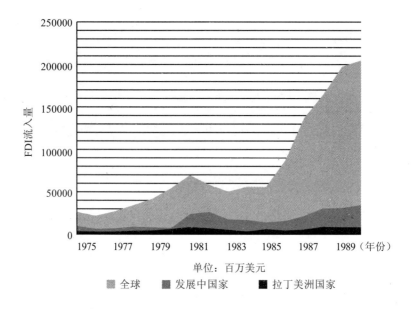

单位：百万美元

■ 全球　　■ 发展中国家　　■ 拉丁美洲国家

图6.3　拉丁美洲国家与全球及发展中国家 FDI 年流入量对比（1975—1990）

数据来源：据联合国贸易与发展会议数据库相关数据整理，http://
unctadstat. unctad. org/。

注：所有源自联合国贸易与发展会议的 FDI 数据，均不包括安圭拉、安
提瓜和巴布达、阿鲁巴、巴哈马、巴巴多斯、英属维尔京群岛、开曼群岛、
库拉索、多米尼加、格林纳达、蒙特塞拉特、圣吉斯和莱维斯、圣卢西亚、
圣文森特和格林纳丁斯、荷属圣马丁以及特克斯和凯科斯群岛这部分离岸金
融中心的 FDI 数据。以下引用联合国贸易与发展会议 FDI 数据时将不再说明。

FDI 流量与流入发展中国家的 FDI 均处于比之前任何年份、也比其后若干年份更高的水平；但流入拉丁美洲国家的 FDI 反而在 1981—1984 年逐年下降。其次，1980 年以后，流入发展中国家的 FDI 占全球 FDI 流量的份额明显增加；但流入拉美的 FDI 占流入发展中国家 FDI 的份额在 1980—1984 年下降迅速，1984—1986 年略有缓和，但 1987 年以后占比却越来越低。

　　图 6.4 比较了 1975—1990 年拉丁美洲国家与全球其他发展中国家的 FDI 年流入量。图 6.4 显示，1980 年以前，拉美地区吸引的 FDI 几乎与流向全球其他所有发展中国家的 FDI 持平；尤其是 1980 年，拉美地区吸引的 FDI 是其他发展中地区吸引 FDI 的将近 4 倍，说明国际直接投资者曾经相当看好拉美地区的经济发展潜力与资源、区位的优势。1980 年后，FDI 在全球其他发展中国家呈井喷式增长，拉美却反而经历了 1981—1984 年的 FDI 流量骤减；1985 年以后，拉美 FDI 流入与其他发展中地区 FDI 流入之间的差距更是越拉越大。

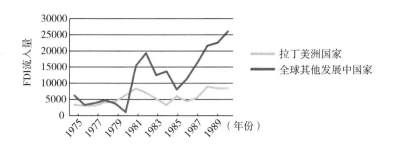

图 6.4　拉丁美洲国家与全球其他发展中国家 FDI 年流入量对比（1975—1990）

　　数据来源：据联合国贸易与发展会议数据库相关数据整理，http://unctad-stat.unctad.org/。

上述分析说明，整体而言，拉丁美洲主权债务危机负面影响了外商直接投资，造成整个 20 世纪 80 年代整个区域内持续的 FDI 流入减缓，而此时却正是 FDI 在全球其他地区（尤其是发达国家内）繁荣发展的年代。

3. 拉美主权债务危机国 FDI 流入与国际商业银行贷款流入比较

20 世纪 80 年代时，与非洲国家的借贷主要来自官方机构或政府不同，世界上成百上千的商业银行对拉丁美洲拥有债权。1973—1974 年石油危机后，发达地区的大银行，如花旗银行、美洲银行和汉诺威制造业银行都将贷自欧佩克国家巨额盈余中的相当一部分投资在拉丁美洲地区。拉美债务危机爆发，首先就影响了一大批商业银行贷款本金及利息的及时偿付，直接导致流入该地区的商业银行贷款迅速减少。

整个 20 世纪 70 年代，由于银行贷款的增长，FDI 在拉美地区的重要性降低。1982 年年底开始的主权债务危机，对 FDI 的影响也是通过货币危机、银行业危机、实体经济衰退等渠道造成间接影响。因此，与大起大落的商业贷款相比，拉美债务危机中 FDI 的起伏相对要小很多。

图 6.5 展示了 20 世纪 80 年代，拉丁美洲主要的 9 个违约国净商业银行贷款与净 FDI 流入的对比（智利和乌拉圭缺少净商业银行贷款数据）。图 6.5 显示，第一，相较于波动性巨大的商业银行贷款这样的国际金融资本[①]，FDI 是比较稳定的外资来源。第二，FDI 的波动轨迹

---

① 此处国际金融资本流入统计并不包括国际证券资产组合投资项目下的资本流入，因为一直到 20 世纪 80 年代末 90 年代初开始，大部分拉美国家国内证券市场才逐步发展起来。

与国际金融资本波动轨迹之间的关联性很小。第三，拉美债务危机负面影响 FDI 的持续时间也较短，一般只持续了 1982—1984 年三年时间；1984 年以后，除了巴西和乌拉圭之外的其他危机国都迎来了 FDI 的增长。第四，危机过后，FDI 领衔了私人资本流入的恢复和增长。

Krugman（2000）在研究 20 世纪 90 年代墨西哥和阿根廷 FDI 与国际资本整体流入情况时，也提出了 FDI 具有和整体国际资本波动轨迹不一致的特征。Krugman 认为，可以以 Kindleberger（1969）的经典观点解释这种情况，即 FDI 更应被视作企业控制权的跨境转移，而非简单的国际资本流动。因此，虽然拉美的债务危机国在爆发后的三年内出现整体 FDI 流入减缓；但其后这些国家向放松管制、私有化、贸易自由化和稳定通货膨胀等方面的决定性转变，以及巴西、墨西哥、智利、阿根廷、秘鲁和哥伦比亚等国实施的大范围结构调整政策，又重新给有意投资的跨国公司和本土 FDI 企业带来新的发展良机。

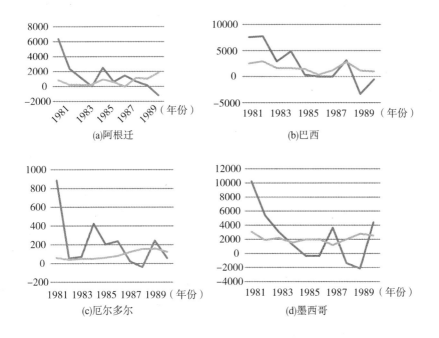

(a)阿根廷　　(b)巴西　　(c)厄尔多尔　　(d)墨西哥

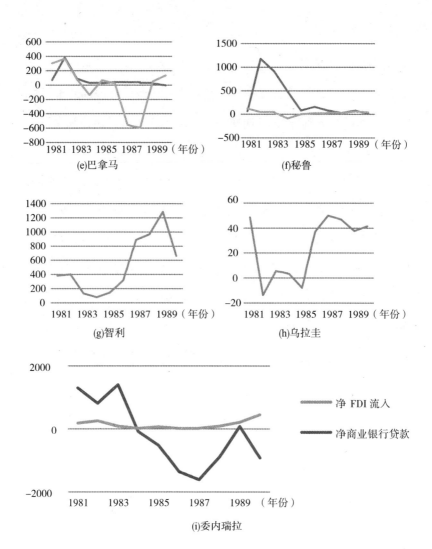

(e)巴拿马　　　　　　　　(f)秘鲁

(g)智利　　　　　　　　　(h)乌拉圭

净 FDI 流入

净商业银行贷款

(i)委内瑞拉

图6.5　拉丁美洲主要违约国净商业银行贷款与净 FDI 流入对比（1981—1990）

数据来源：据世界银行数据库相关数据整理，http：//data. worldbank. org/。

（二）1994—1995 年墨西哥主权债务危机对外商直接投资的影响

墨西哥曾是发展中国家经历"失去的十年"后，在 20 世纪 90 年代初率先出现资本重新流入的国家，但在 1994 年货币贬值造成国际投资者恐慌后，又再度面临债务危机，国民经济发展再遇冲击。

1. 墨西哥主权债务危机概况及其对国民经济的影响

1987 年，墨西哥开始采用大规模的稳定和改革政策，大幅度削减财政赤字和政府债务，并设定汇率目标，并与各行业及工会协商通过了工资—价格条令。到 1994 年加入北美自由贸易区时，墨西哥引入了更具弹性的汇率制度，当时整个国家经济基本面健康，政府偿付外债的能力也理应不受质疑。但 1994 年，其国内矛盾激化，总统更换迫在眉睫，市场对比索即将贬值的忧虑与日俱增，这一切都导致国内利率上升和外汇储备下降。1994 年 12 月，墨西哥政府为刺激产出并减少经常项目赤字，使比索贬值幅度超出前一年制定范围的 15%。

然而，贬值后的新汇率立即受到了投机性冲击，墨西哥政府不得不采用完全浮动的汇率体制。这加剧了投资者恐慌，使比索进一步大幅贬值。不久，墨西哥发现除非愿意支付极高的利息，政府已无法从国际资本市场上借款，类似 1982 年的主权债务拖欠几乎又要出现。离违约一步之遥的墨西哥，依靠美国和国际货币基金组织提供的共计 500 亿美元的紧急贷款，才避免了拖欠的再次发生。但 1994—1995 年，墨西哥经济还是遭遇了产出严重下降、银行破产和通胀攀升等问题。墨西哥主权债务危机成了主权"濒临违约"债务危机的典型代表，也直接促成第二代"自我实现"式金融危机理论的诞生。

图6.6和表6.3记录了自19世纪开始至2009年期间，墨西哥主权违约、银行业危机、通胀和产出波动的情况。图6.6和表6.3表明，墨西哥虽然在最后一刻免于对外债违约，但主权债务危机的效果业已形成。1994—1995年，墨西哥财政急剧紧缩、利率飞涨、国内银行业普遍出现危机，失业率上升了1倍多，比索由1987年3.5兑1美元贬值为1995年3月7.5比索兑1美元，通货膨胀也急剧攀升。到1994年年底时，比索币值在外汇市场上仍不断连创新低。1995年，墨西哥经济产出暴跌6.2%。

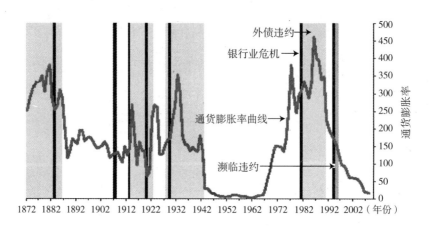

图6.6 墨西哥主权违约、银行业危机、通胀率示意（1872—2009）

数据来源：Reinhart（2010）。

注：图中仅标注系统性银行业危机的第一年，且内债违约时段与外债违约时段重叠的仅标注外债违约。

表6.3 墨西哥主权违约、银行业危机、产出下降及
通货膨胀情况（1821—2009）

外债违约时段	持续时间(年)	内债违约时段	银行业、危机(开始年)	恶性通货膨胀时段	外债违约时段占比(%)	通胀危机时段占比(%)	产出崩溃严重年份及降幅(%)
1828—1830	3	1850	1883	n. a.	43.9	11.1	1902 (−7.1)
1833—1841	1	1928—1932	1907				1930 (−6.3)
1844—1850	7	1982	1913				1932 (−15.0)
1854—1864	11		1920				1983 (−4.3)
1866—1885	20		1929				1995 (−6.2)
1914—1922	9		1981				2009 (−6.7)
1928—1942	15		1994				
1982—1990	9						

事件次数

8		3	7	0			6

IMF 贷款项目(1952—2009)	个数共计
1954,1959,1961,1977,1983,1986,1989,1995,1999	9

数据来源：Reinhart（2010）。

注：通货膨胀率达到或超过500%时，记为恶性通货膨胀。产出崩溃严重年份，记录当事国考察时段内产出降幅最大的6年。

2. 墨西哥主权债务危机对 FDI 流入的影响

（1）对 FDI 流入构成类型的影响

图 6.7 展示了 1979—2002 年，墨西哥 FDI 流入的构成类型变化。

图 6.7 表明，在 20 世纪 80 年代初的主权债务危机和 1994—1995 年债务危机期间，首先，整体而言，墨西哥债务危机期间，FDI 流入减少。其次，与当期利润再投资和其他类型（包括公司内部金融、出口加工组装企业固定资本设备的进口等）FDI 流入减少不同，新增股本投资类型的 FDI 流入均在债务危机期间出现增长。

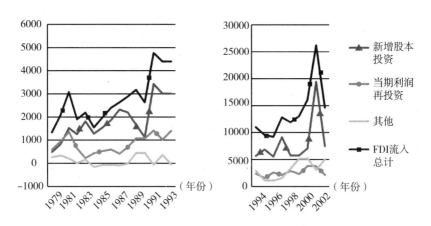

图 6.7　墨西哥 FDI 流入的类型构成 2（1979—2002）

数据来源：《世界投资目录第九卷：拉丁美洲与加勒比海》，联合国贸易与发展会议，2004。http：//unctad. org/en/Pages/DIAE/Investment% 20and% 20Enterprise/World－Investment－Directory. aspx。

注：（1）FDI 类型中的"其他"，包括公司内部金融、出口加工组装企业固定资本设备的进口等项目。（2）1994 年，墨西哥经济事务部（Ministry of E-conomic Affairs）和中央银行对 FDI 数据统计方法进行较大调整，因此 1994 年及以后的数据不能直接与 1994 年之前的 FDI 数据直接比对。以下在讨论墨西哥 FDI 数据时将不再说明。

这说明，虽然运营中的 FDI 企业在债务危机时期普遍面临市场萎缩与信贷紧缩问题，因而减少了当期利润再投资和公司内部金融；但危机中东道国本币贬值、资产价格下跌和国企私有化计划等还是会给部分跨国公司带来增持资产的机会，表现为新增股本投资在动荡中呈现了增长的态势。

（2）对 FDI 流入目标行业分布的影响

表 6.4 记录了 1994—2002 年，墨西哥 FDI 流入的目标行业变化。

表 6.4 表明，首先，1994 年其实是墨西哥 FDI 流入水平较高的一年，直到进入 21 世纪以后，墨西哥的 FDI 流入才恢复到 1994 年的水平。其次，债务危机爆发后，流入市场萎缩严重的供电、供气和供水、建筑业、宾馆和酒店业、房地产行业等第三产业的 FDI 降幅较大，流入第一产业和第二产业的 FDI 降幅相对较小。

但其中有两个例外值得注意。一个例外是第二产业中的食品、饮料和烟草行业 FDI 流入降幅较大，这可能是因为该项目统计中包含了市场需求弹性较大的烟草行业所导致。另一个例外是债务危机期间，第三产业中的金融业反而出现了 FDI 流入逐年增加。这一方面是因为墨西哥政府推进的金融业放松管制和私有化计划；另一方面也是因为其国内银行业普遍陷入危机，再加上本币贬值、资产价格下跌导致的 FDI 在行业内兼并增加。

表 6.4　墨西哥 FDI 流入的目标行业分布（1994—2002） 单位：百万美元

年份 产业	1994	1995	1996	1997	1998	1999	2000	2001	2002
第一 产业	108.6	90.2	115.5	140.2	71.1	208.0	269.3	37.8	95.5

续表

年份 产业	1994	1995	1996	1997	1998	1999	2000	2001	2002
农、林、牧、渔业	10.8	11.1	31.7	10.0	28.7	80.9	88.2	4.6	4.8
采矿、采石和石油业	97.8	79.1	83.8	130.2	42.4	127.1	181.1	33.2	90.7
第二产业	6187.0	4848.7	4706.1	7282.9	5100.0	8750.2	8865.1	4798.7	4092.9
食品、饮料和烟草业	1807.8	651.2	501.9	2952.4	730.7	988.5	1190.0	870.0	306.0
化学和化工产品制造业	645.5	573.1	1196.9	813.0	1159.2	951.8	1311.3	200.8	490.3
非金属产品制造业	51.2	89.6	29.7	5.8	14.2	230.9	143.3	96.2	86.5
金属和金属产品制造业	1342.3	142.5	324.8	105.7	51.2	270.3	290.1	180.6	22.1
机械和设备制造业	1888.7	2892.6	2209.6	2749.7	2323.5	5283.2	4056.1	2620.7	2578.9
其他制造业	451.5	499.7	443.2	656.3	821.2	1025.5	1874.3	830.4	782.1

续表

年份 产业	1994	1995	1996	1997	1998	1999	2000	2001	2002
第三 产业	4344.2	3385.9	2882.0	4702.7	2955.8	3897.8	6350.0	20497.9	5508.0
供电、 供气和 供水	15.2	2.1	1.1	5.2	26.6	139.5	116.8	268.9	24.6
建筑业	259.4	26.2	25.5	110.4	81.6	129.0	168.4	73.0	99.8
贸易 行业	1250.7	1008.6	726.8	1899.4	938.3	1196.9	2175.9	1542.2	1126.5
宾馆和 酒店业	722.5	102.1	166.5	563.3	199.2	294.9	337.9	306.5	197.6
交通运 输、仓 储和通 信业	719.3	876.3	428.0	681.5	435.9	278.3	-2371.9	2912.9	750.3
金融业	715.5	951.8	1109.9	968.2	626.7	350.3	4250.4	13229.6	2861.5
商业 活动	488.0	203.3	273.9	201.6	354.5	835.7	1255.0	1787.1	240.9
房地产 行业	221.7	64.7	64.2	58.6	56.7	169.8	269.6	118.3	52.1
其他商 业活动	266.3	138.6	209.7	143.0	297.8	665.9	985.4	1668.8	188.8
其他 服务业	173.6	215.5	150.3	273.1	293.0	673.2	417.5	377.7	206.8
未详细 说明	4405.4	1321.6	2239.5	2033.9	4042.7	—	—	—	—
总计	15045.2	9646.4	943.1	14159.7	12169.6	12856.0	15484.4	25334.4	9696.4

数据来源:《世界投资目录第九卷:拉丁美洲与加勒比海》,联合国贸易与发展会议,2004。http://unctad.org/en/Pages/DIAE/Investment%20and%20Enterprise/World—Investment–Directory.aspx。

注:"—"表示数额极小,接近为0。

（3）对 FDI 流入的来源国构成的影响

表 6.5 记录了 1994—2002 年，不同来源国对墨西哥直接投资的变化。

表 6.5　墨西哥 FDI 流入的来源国构成（1994—2002）　单位：百万美元

年份 来源	1994	1995	1996	1997	1998	1999	2000	2001	2002
全球	15045.2	9646.4	9943.1	14159.7	12169.6	12856.0	15484.4	25334.4	9696.4
发达国家	8321.6	7844.7	7057.7	11220.1	7638.7	12458.3	14895.0	24763.0	9184.9
西欧	1988.4	2038.1	1219.4	3197.5	2047.3	3732.2	2544.3	3917.4	1986.0
欧盟	1934.5	1837.9	1137.9	3168.3	1998.8	3612.4	2413.9	3813.3	1725.5
奥地利	2.3	−0.2	0.4	0.6	5.9	1.8	1.1	2.2	−0.5
比利时	−7.1	54.2	1.5	46.2	30.7	33.6	17.0	68.4	39.7
丹麦	14.5	19.0	17.6	18.9	68.1	173.9	146.1	179.3	139.3
芬兰	4.6	—	−0.1	1.0	1.7	28.2	216.2	83.4	25.7
法国	90.5	125.9	124.0	59.8	127.8	167.0	−2565.9	354.8	150.0
德国	307.5	548.6	201.4	481.1	136.9	742.6	342.8	−195.5	476.0
希腊	—	—	—	—	—	0.2	—	—	0.1
爱尔兰	4.4	0.5	19.6	15.0	−3.9	1.1	4.9	2.7	116.3
意大利	2.7	10.5	18.3	29.1	17.2	35.8	31.6	15.2	9.5
卢森堡	10.4	7.2	14.9	−6.5	7.8	13.6	34.7	120.5	14.6
荷兰	757.6	742.8	487.4	358.6	1052.8	918.0	2392.9	2644.7	485.9
葡萄牙	0.1	—	0.1	0.6	3.4	4.2	−0.2	0.2	0.7
西班牙	144.3	49.6	73.5	326.9	307.8	995.4	1890.3	585.3	239.8
瑞典	9.3	61.1	96.6	7.2	59.7	690.5	−334.9	−139.0	−40.9

续表

年份 来源	1994	1995	1996	1997	1998	1999	2000	2001	2002
英国	593.4	218.7	82.7	1829.8	182.9	−193.5	237.3	91.1	69.3
其他西欧国家	53.9	200.2	81.5	29.2	48.5	119.8	130.4	104.1	260.5
瑞士	53.9	200.2	81.5	29.2	48.5	119.8	130.4	104.1	260.5
北美	5702.2	5650.8	5696.1	7669.6	5491.4	7488.9	11927.9	20677.7	7103.1
加拿大	740.7	170.1	515.5	237.6	202.8	584.3	564.0	865.6	31.7
美国	4961.5	5480.7	5180.6	7432.0	5288.6	6904.6	11363.9	19812.1	7071.4
其他发达国家	631.0	155.8	142.2	353.0	100.0	1237.2	422.8	167.9	95.8
日本	631.0	155.8	142.2	353.0	100.0	1237.2	422.8	167.9	95.8
发展中国家	2266.4	438.1	573.7	837.5	400.9	327.7	463.0	479.8	214.8
拉美和加勒比	1028.6	257.3	161.0	572.9	272.8	196.4	323.7	370.8	163.9
智利	2.6	8.2	3.4	42.9	7.1	6.4	4.3	3.8	27.4
乌拉圭	6.0	15.5	0.7	9.6	17.9	10.6	35.0	20.8	−8.1
其他拉美和加勒比国家	1020.0	233.6	156.9	520.4	247.8	179.4	284.4	346.2	144.6
巴哈马	89.7	53.5	9.2	6.0	33.4	18.7	5.7	121.3	3.5
百慕大	2.0	1.8	5.9	93.3	41.6	17.1	46.1	30.8	2.4
开曼群岛	93.0	28.6	48.8	330.3	108.8	85.3	84.1	99.8	111.2
荷属安迪斯	468.5	70.3	62.8	9.1	5.7	16.1	67.5	36.8	13.2

续表

年份 来源	1994	1995	1996	1997	1998	1999	2000	2001	2002
巴拿马	338.2	59.6	18.1	16.5	18.2	−24.3	3.5	28.0	7.1
维尔京群岛	28.6	19.8	12.1	65.2	40.1	66.5	77.5	29.5	7.2
亚洲	1237.8	180.8	412.7	264.6	128.1	131.3	139.3	109.0	50.9
中国	1.5	5.4	10.0	4.9	10.8	3.2	2.9	1.4	2.1
印度	1218.7	50.5	285.7	28.7	—	0.1	27.4	3.1	—
菲律宾	—	−6.1	—	4.0	−6.5	−3.2	0.1	0.1	—
韩国	15.1	103.8	85.8	199.2	51.4	46.0	21.5	35.7	22.1
新加坡	—	12.3	28.6	20.0	40.9	66.1	80.8	53.8	22.6
台湾地区	2.5	2.7	2.6	7.8	31.5	19.1	6.6	14.9	4.1
未详细说明	51.8	42.0	—	68.2	87.3	70.0	126.4	91.6	296.7

数据来源:《世界投资目录第九卷:拉丁美洲与加勒比海》,联合国贸易与发展会议,2004。http://unctad.org/en/Pages/DIAE/Investment%20and%20Enterprise/World–Investment–Directory.aspx。

注:"—"表示数额极小,接近为0。

表6.5表明,首先,发达国家对墨西哥的 FDI 在债务危机期间降幅不大,而源自发展中国家的 FDI 下降幅度则非常大。这说明,整体而言,源自发达国家的跨国公司的风险抵御能力还是更强一些。

其次,就源自发达国家的 FDI 分析,西欧和北美对墨西哥 FDI 受东道国债务危机影响均较小,只有来自日本的 FDI 降幅较大,一直到20世纪90年代末才恢复和超过1994年的水平。

再次,就源自发展中国家的 FDI 来看,南美国家和拉美与加勒比地区的海外避税地对墨西哥 FDI 均大幅下降，但来自亚洲的中、韩、新 FDI 反而迅速上升，来自台湾地区的 FDI 也逐年上升。这说明源自中国、韩国、新加坡等新兴工业化国家和地区的跨国公司与其他发展中国家的跨国公司不同，前者拥有更雄厚的资本实力和更稳定的的东道国之外（尤其是母国国内的）的融资渠道；同时，这也是整个 80 年代东亚地区经济持续高速增长的结果。

3. 墨西哥主权债务危机对境内跨国公司的影响

（1）对境内不同母国的跨国公司个数及其雇员数的影响

表 6.6 列出 1990—2002 年，不同来源国 FDI 在墨西哥运营企业数。就已有数据来看，虽然在 1994 年债务危机期间以及危机之后，墨西哥 FDI 的第一大来源国——美国并未减少对墨西哥的直接投资（如表 6.5 所示），但危机期间墨西哥境内美国跨国公司个数却略有下降，说明仍有部分美国跨国公司撤资、退出营运或直接关闭了企业。

对照表 6.7 中不同来源国跨国公司的雇员数情况，债务危机时期，包括美国、德国在内的跨国公司在墨西哥雇用员工数目均有略微下降，但在墨西哥的跨国公司雇员裁减情况要比当时其国内失业率增加 1 倍以上的总体情况要好得多。

表 6.6　　不同来源国 FDI 在墨西哥运营企业数（1990—2002）　　单位：个

年份 来源	1990	1991	1992	1993	1994	1995	1996	1997	1998	1999	2000	2001
德国	174	175	181	188	185	189	211	256	252	277	307	307
意大利	..	21	..	20	..	26	..	26	..	41	..	..
日本	76	75	60	96	105	105	121	132	143	148	..	..

续表

年份 来源	1990	1991	1992	1993	1994	1995	1996	1997	1998	1999	2000	2001
韩国			..	..	..	..	30	.33	37	44	59	61
台湾 地区	1	1	1	1	2	2	3	6	10	11	11	11
美国	588	589	603	591	836	825	855	872	846	926	925	..

数据来源:《世界投资目录第九卷:拉丁美洲与加勒比海》,联合国贸易与发展会议,2004。http://unctad.org/en/Pages/DIAE/Investment% 20and% 20Enterprise/World – nvestment – Directory. aspx。

注:".."表示数据不详。

表6.7   不同来源国跨国公司在墨西哥的雇员数(1990—2001)单位:千人

年份 国家	1990	1991	1992	1993	1994	1995	1996	1997	1998	1999	2000	2001
奥地利	—	—	—	—	—	—	—	—	—	0.6	0.9	..
捷克		—							—	129.0	..	..
芬兰	—								0.3	2.4	2.0	2.0
德国	63.0	63.0	59.0	55.0	52.0	49.0	54.0	63.0	92.0	85.0	101.0	90.0
意大利	..	14.1	..	8.3	..	6.9	..	7.2	..	9.4	..	..
日本	31.9	31.0	29.7	38.7	46.1	..	44.7	53.2	50.0	55.7	..	..
瑞典	10.3	..	..	9.7	..	..	6.7	6.3	7.0	11.4	11.0	..
瑞士	..	..	..	19.5	19.6	21.2	20.3	23.3	25.2	27.7	27.5	26.3
美国	553.1	579.0	660.3	660.0	735.3	746.1	731.8	790.6	838.9	994.5	1048.1	..

数据来源:《世界投资目录第九卷:拉丁美洲与加勒比海》,联合国贸易与发展会议,2004。http://unctad.org/en/Pages/DIAE/Investment% 20and% 20Enterprise/World—Investmen – Directory. aspx。

注:"—"表示数额极小,接近为0;".."表示数据不详。

单位：百万美元

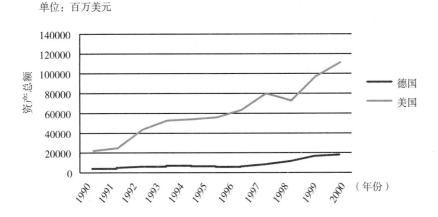

图 6.8　美国与德国跨国公司在墨西哥的资产额（1990—2000）

数据来源：《世界投资目录第九卷：拉丁美洲与加勒比海》，联合国贸易与发展会议，2004。http：//unctad．org/en/Pages/DIAE/Investment% 20and% 20Enterprise/World-Investment-Directory．aspx。

（2）对境内不同跨国公司资产额、销售额和税前利润的影响

图 6.8 展示了 1990—2000 年，墨西哥两大最重要的 FDI 来源国——美国和德国的跨国公司在其境内资产额变化。图 6.8 说明，美国跨国公司在墨西哥债务危机期间资产额度实现缓慢增长，德国跨国公司则出现资产负增长；90 年代中期以后，美国跨国公司在墨西哥持有资产的增长速度更是远远超过德国公司。

图 6.9 显示了 1990—1999 年，美国、德国与日本跨国公司在墨西哥的销售额。图 6.9 说明，1994—1995 年墨西哥主权债务危机令美国、德国与日本跨国公司销售额均下降，但 1995 年后美国公司销售额恢复迅速，增长速度远远超过德国与日本公司。

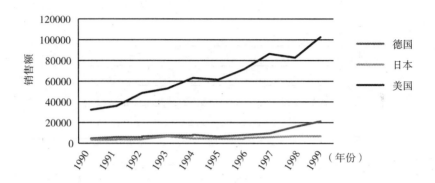

图 6.9　美国、德国与日本跨国公司在墨西哥的销售额（1990—1999）

数据来源：《世界投资目录第九卷：拉丁美洲与加勒比海》，联合国贸易与发展会议，2004。http：//unctad. org/en/Pages/DIAE/Investment% 20and% 20Enterprise/World‑Investment‑Directory. aspx。

表 6.8 列出 1990—2000 年美国与日本跨国公司在墨西哥的税前利润，同样表明，美国与日本跨国公司在墨西哥的税前利润均出现不同幅度的下挫，但 1995 年后，美国公司税后利润恢复与增长的速度也远远超过日本公司。

表 6.8　美国与日本跨国公司在墨西哥的税前利润（1990—2000）

单位：百万美元

国家＼年份	1990	1991	1992	1993	1994	1995	1996	1997	1998	1999	2000
日本	54	35	67	63	2	103	574	506	12	301	..
美国	2244	2895	5421	5965	5178	5086	6874	8276	4490	6022	6162

数据来源：《世界投资目录第九卷：拉丁美洲与加勒比海》，联合国贸易与发展会议，2004。http：//unctad. org/en/Pages/DIAE/Investment% 20and% 20Enterprise/World‑Investment‑Directory. aspx。

注：".."表示数据不详。

（3）　对境内跨国公司整体经营状况的影响

表6.9列出了1990—2001年墨西哥境内跨国公司的整体经营情况。表6.9表明，墨西哥债务危机期间，跨国公司工资与薪酬以及附加值水平均小幅下挫。得益于危机期间本币贬值，墨西哥境内跨国公司保持了出口持续增长。但值得注意的是债务危机期间，墨西哥境内跨国公司进口增长速度比出口增速快。这种现象的成因，不排除跨国公司为抵御危机国增税增收而实施了进口的转移定价等策略。

表6.9　　墨西哥境内跨国公司的整体经营情况（1990—2001）

单位：百万美元

年份 项目	1990	1991	1992	1993	1994	1995	1996	1997	1998	1999	2000
工资和薪酬	3817	4710	7137	7722	9393	8750	8885	10582	8033	10244	12293
附加值	..	..	..	..	9849	7793	10125	11816	13918	17556	20180
出口	8662	10831	13203	14200	16672	17201	20307	23204	25185	29040	32000
进口	8046	9508	11717	12953	16794	19535	24216	26202	26309	28746	38957
研发费用	53	64	76	..	..	..	..	..	..	..	..
研发人员（千人）	..	..	..	..	1.4	..	..	..	..	2.6	..
专利收入	..	..	..	..	11	..	..	..	..	..	..
专利支付	..	..	..	..	560	..	..	..	..	..	..

数据来源：《世界投资目录第九卷：拉丁美洲与加勒比海》，联合国贸易与发展会议，2004。http：//unctad. org/en/Pages/DIAE/Investment% 20and% 20Enterprise/World – Investment – Directory. aspx。

注：".."表示数据不详。

二 主权债务危机影响外商直接投资的实证研究

上一节完成了主权债务危机影响外商直接投资的经验分析，本节继续就该问题进行实证研究。

首先，通过考察经济学界、主权国家债权人和专业的外部评级机构对主权债务危机的预警以及主权违约风险评估研究的历史与现状，本书认为连续的、公开可得的外部专业评级机构发布的主权评级，是目前主权债务危机预警和主权违约风险评估的首选指标。因此，本节以评级机构发布的主权信用评级为主权债务危机的衡量，实证检验1995—2008年，42个新兴经济体的标准普尔主权信用评级变动对外商直接投资流动的不对称影响，并与其他形式国际资本流动所受的影响进行比较分析。

（一）主权债务危机的预警和主权违约风险评估

由于主权债务危机和与其相伴随的其他形式金融危机的巨大破坏效应，如何预测危机和评估危机的程度成为非常现实的问题。

1. 危机预警研究与主权违约风险评估的发展

经济学界的主流危机预警模型是国际货币基金组织从1999年起先后组织开发的KLR（Kaminsky、Lizondo和Reinhart）模型、DCSD（Developing Country Studies Division）模型和PDR（Policy Development and Review）模型。这三个模型分别基于金融危机理论在各个时期的研究结果，在预警方法的计量模型构建和预警指标的选择上体现了危机理论和现实中危机的发展状况，具有一定的传承性和延续性。国际货币基金组织对预警模型的研究，只是其对国家金融脆弱性研究中的一个组成部分。金融危机的表现形式在每个时期都会发生变化，再加上国别因素，这种定量研究也只能说是提供了关于现实的部分信息。

此外，学界还存在其他一些风险评估方法和危机预警模型，包括资产定价模型、人工智能模型和基于理论模型的主权违约风险评估等。其中，近三十年来，融合各种经济学理论的动态随机一般均衡模型不仅在学术研究领域，也在各国的中央银行和政策研究机构大量应用。

在经济学界研究之外的主权借款实际操作领域，20 世纪 70 年代和 80 年代时，国际资本主要通过大银行这一渠道流动，大银行本身被认为有能力独立评估和监督主权债务人的信用价值。发达国家央行和大型商业银行作为发展中国家信用贷款的主要债权人，往往通过自身构建主权借款人及其债项的内部评级，来计算主权的违约概率、违约损失率等风险参数。

20 世纪 90 年代早期，主权国家的外部资金日益直接源于全球货币市场和资本市场，市场对外部评级机构的需求因而也高涨了起来。外部专业评级机构开始关注部分新兴市场国家的主权债券，并对其主权信用开始给予评级，令被评级国家的债券有了进入全球资本市场的"身份证"和"通行证"。

但部分复杂度较高的金融机构，如大型的央行、银行、基金、保险与投资公司，以大量投资主权债券的方式继续担任主权国家的主要债权人，并仍使用自己内部的计量方法确定资本要求。至今，比较有名的主权债券内部评级有：高盛集团开发的"高盛观察"（Goldman Sachs Watch）、瑞士信贷投行部门第一波士顿的"新兴市场风险指数"（Emerging Markets Risk Indicator）和德意志银行的"闹钟指数"（Alarm Clock）等。

由于内部评级使用的数据与评级方法的保密性，针对内部评级的研究并不多见。根据 Classen 和 Enbrich（2003）得到一个国际性商业银行使用其内部评级资料许可的研究，他们发现内部评级与外部评级机构在方法上的差别很小，而且两种类型的评级基本选择了相同的决定因素；但内部评级的调整有一次性到位的特征，外部评级机构则多进行一步步调整，而且在一次调低后会相对频繁地进一步调低。

总之，从 20 世纪 90 年代至今，国际资本市场最倚重的主权信用评级还是外部专业评级机构公开发布的主权评级。尽管全球有许多评级机构，这个行业还是主要被两个评级机构所主导：标准普尔（Standard & Poor's）和穆迪（Moody）投资者服务公司。这两大评级机构也几乎垄断了全球金融市场上、包括主权债券在内的各类债券的评级。

2. 标准普尔主权评级的评级方法、评级结果及其评价

标准普尔与穆迪投资者服务公司主导了几乎整个外部主权评级市场，本书对外部评级的讨论围绕其中占据最大市场份额的标准普尔公司展开。

标准普尔将其发布的主权信用评级定义为：对主权政府偿付债务的能力和意愿进行的评估。为形成一个对主权国家整体信用价值

的看法，标准普尔同时检验了定性和定量因素。其中，定性评估的核心是对国家政治发展和政策演变构成的评估，定量评估主要包括对该国经济和金融绩效的各种测量（标准普尔，1997）。

标准普尔对主权评级的分析分为八个类别，分别是政治风险、收入和经济结构、经济增长展望、财政灵活性、公共债务负担、价格稳定性、国际收支平衡以及外部债务和流动性。标准普尔还额外考察国家内部私人部门债务的情况，因为亚洲金融危机的爆发表明私人部门的债务也可能成为国家的或然债务。此外，标准普尔将国际流动性看作偿债能力的重要指标。国际流动性一般用经常账户和债务来评估，在一国国际收支平衡陷入困境时，国际流动性可以增加政府财政的时间缓冲。

在标准普尔评估中，每个主权国家可以获得一个从最好（1分）到最差（5分）之间的分数。当然，标准普尔并不公布它究竟使用何种确切的共识将这些得分组合在一起，也并不公布这些变量占最终评级结果的权重情况，即哪些变量重要而哪些变量并不那么重要。

标准普尔在官网上详细地记载了它的长期主权债务评级系统，列举并描述了评级符号和评级类别。在每个评级水平上，两个机构都用符号"＋"和"－"表示在每个大评级类别里的相对位置。标准普尔和穆迪都进行本币债务风险评级和外部债务风险评级。然而，一个主权有征税权并控制国内金融体系，使得主权政府可以不受限制地获得本币，极大地降低了本币债务风险。标准普尔的一项研究证实了这种观点，根据1975—1995年的数据，国家本币债务违约和外币债务违约的比率为1∶8（标准普尔，1996）。也有学者指出，本币债务评级与其说是对主权信用的评级，更应被视为一国通货膨胀指数的预测（Kim 和 Wu，2008）。因此，本书接下来对主权评级的分析均指向主权外币债务评级。

外部评级机构及其主权评级分析、评级事项在国际资本市场扮演了重要角色，影响着国家可获取资金的规模和获得资金的成本，也影响了投资者的行为倾向。从 20 世纪 90 年代初，部分新兴市场国家也开始获得外部主权评级以来，关注外部评级效应的研究开始发展起来。一些颇具影响力的研究发现，国际资本市场对评级变化做出反应，评级也对市场状况做出系统性的滞后反应（Larrain 等，1997；Reinhart，2002）。但 Jüttner 和 McCarthy（2010）认为，其实不管是经济学界研发的危机预警模型还是评级机构使用的评级模型，其构造都是基于研究者的历史经验和假定，使用的也是历史数据；但对主权违约问题的分析却必须是动态的，而且对每一个被讨论的国家而言，分析必须与变化的国内环境和全球环境相适应。在动荡与变化的环境中，想要根据基于过去经验产生的模型对未来进行精准预测，即使不是不可能的，也是件非常困难的事情。

因此，连续的、公开可得的外部专业评级机构发布的主权评级，仍然是国际投资者、媒体和研究者关注的主权债务危机预警和主权违约风险评估的首选指标。经常遭遇各种指责和批判，也更说明外部主权信用评级受瞩目的程度，以及其主权评级结果对市场的巨大影响力。

（二）主权信用评级冲击外商直接投资效应的实证分析

主权信用评级是对一国主权违约风险的评估，因此，也是对一国是否会爆发主权债务危机的重要参考指标。特别是在主权国家和全球投资者所掌握的信息不对称的现实情况下，主权信用评级传递的信息对投资者具有相当重要的意义。

1. 主权信用评级冲击东道国资本市场以及国际资本流动的研究综述

20 世纪 90 年代以后，主权评级从关注发达国家逐渐发展为涵盖了主要新兴市场国家。随着主权信用调整样本的日益充足，主权评级的资本市场影响研究也开始涌现。

首先，主权评级下调将直接负面影响主权债券收益得到了证实。如 Erb 等（1999）发现，新兴国家主权信用评级的下调会直接影响其主权债务收益率。Gande 和 Parsley（2005）认为，主权评级对主权债券价格的影响呈非对称性，即评级上调的影响效果并不大，但下调则显著导致主权债券价格下跌。

其次，主权评级下调负面影响股票市场收益也得到证实。比如，Kaminsky 和 Schmukler（2002）用面板回归分析方法检验了 16 个新兴市场国家主权评级变化的影响，发现评级下调 1 级导致股票回报平均下降 1 个百分点。Lee（2003）发现，亚洲金融危机中，危机国信用评级调整对本国和他国的股票价格有显著负面影响。Klimaviciene 和 Pilinkus（2011）研究了欧盟中的 8 个中东欧国家信用评级后发现，一个中东欧国家评级的调整对其他中东欧国家股价均有负面影响。Christopher 等（2012）则报告了评级信息对新兴市场股价的长期影响。

最后，也有研究表明，主权评级变动将影响国际资本的流动。比如，Gande 和 Parsley（2010）发现，主权信用评级对股权基金的影响也呈现非对称性，评级下调会导致股权基金投资流出，而评级上调则对股权基金的回流没有显著改善。Ratha 等（2007）发现，主权信用评级不仅影响国际主权债券市场的投资决策，也会影响 FDI 配置和证券组合投资流向。

已有研究表明，一国主权评级下调、主权违约风险上升，对该国主权债券和境内股票市场收益有负面影响。这一方面证实了主权违约与主权债务危机的爆发对金融与经济的负面影响；另一方面也说明，主权信用评级下调，将导致危机国境内投资于主权债券和股票等资本市场的国际资本流出。

但具体到主权评级对国际资本流动的影响研究上，就目前已知的实证工作而言，研究进展还是不很充分。Gande 和 Parsley（2010）关注的股权基金流动只是国际资本流动的一个小的组成部分，而股权基金本身也更多地是一种短期资本。Ratha 等（2007）检验了几种主要的国际资本流动所受的影响，但其研究出发点并不针对 FDI，因而不涉及单独对 FDI 所受影响的比较与分析。

下节接下来针对性地分析外商直接投资所受主权信用评级变动的不对称影响，并与其他形式国际资本流动所受的影响进行比较后进行分析。

2. 变量选取及数据来源

（1）主权信用评级变量的选取、数据来源与处理

本书采用标准普尔发布的长期主权信用评级作为东道国主权违约风险变化程度的度量。

标准普尔长期外币评级以从 AAA（最高信用等级）到 D/SD（违约/选择性违约）的符号形式发布。其中，评级 BBB－及以上为

投资级，以下部分为投机级。当一国的经济与金融环境发生重大变化，主权违约风险大小出现变动时，标准普尔才会调整评级，因而其主权评级发布时间并不固定。此外，标准普尔在发布主权信用评级时还会同时发布该国随后几个月的评级展望，包括积极展望（Positive）、评级观察——发展中（Credit Watch—Developing）、稳定展望（Stable）、评级观察——负面（Credit Watch—Negative）和负面展望（Negative）五种类型。

由于标准普尔评级是以上述符号形式发布，为了量化研究的需要，使用前要将评级符号转化为数字。类似于 Gande 和 Parsley（2003），本书对标准普尔符号评级结果以表 6.10 中的方式转化为数字，并以表 6.10 附注中注明的计算方法将不定期的评级结果转化为年度评级。

标准普尔评级数据源于标准普尔官方网站。在标准普尔记录的 1990—2010 年的主权信用危机（即在任何 6 个月期间，一国长期外币债务被下调 3 级主权信用评级）与主权违约（评级为 D/SD）中，有 90% 以上发生在发展中国家。因此，本书选择 1995—2008 年标准普尔对 42 个新兴经济体①主权信用评级数据为自变量进行研究。

---

① 对如何判断一个国家是否属于新兴市场国家，国际学术界还存在争议。本书采用广义的新兴经济体定义，其中既包括像新加坡、中国香港特别行政区这类较为发达的国家和地区，也包括一些重要的发展中国家和一部分转型国家。此处 42 个新兴市场样本东道国包括：韩国、巴西、玻利维亚、智利、哥伦比亚、埃及、马来西亚、墨西哥、土耳其、印度、印度尼西亚、哈萨克斯坦、菲律宾、俄罗斯、捷克、匈牙利、立陶宛、格鲁吉亚、马其顿、摩洛哥、约旦、拉脱维亚、爱沙尼亚、阿塞拜疆、卡塔尔、香港（中国）、中国、科威特、阿布扎比、迪拜、沙迦、哈伊马角、以色列、斯洛伐克、沙特阿拉伯、新加坡、南非、罗马尼亚、保加利亚、乌克兰、乌拉圭和泰国。

表 6.10   标准普尔（S&P）主权评级结果与量化数值对照

	评级	量化数值	信用展望	量化数值
投资级	AAA	20		
	AA +	19	Positive	+ 0.5
	AA	18	Credit Watch – Developing	+ 0.25
	AA –	17	Stable	0
	A +	16	Credit Watch – Negative	– 0.25
	A	15	Negative	– 0.5
	A –	14		
	BBB +	13		
	BBB	12		
	BBB –	11		
投机级	BB +	10		
	BB	9		
	BB –	8		
	B +	7		
	B	6		
	B –	5		
	CCC +	4		

续表

	评级	量化数值	信用展望	量化数值
	CCC	3		
投机级	CCC −	2		
	CC	1		
违约级	D/SD	0		

注：标准普尔主权信用评级根据实际情况变化随时调整评级结果，因此我们把每一个评级的有效天数作为权值来乘以相应评级数值，再将一个国家一年中所有加权评级数值除以总天数来得到该国当年的平均评级，以此使不规律变化的主权评级结果与以年为单位进行统计的直接投资流量及其他控制变量相对应。

（2）FDI 与其他国际资本流动变量的选取与数据来源

本书除考察外商直接投资以外，还将其与国际银行净资产与证券组合投资的结果进行比较研究。其中，外商直接投资以一国 FDI 净流入度量，国际银行净资产由银行外部总资产去除外部总负债的额度计算，而证券组合投资指对东道国债券、股权等有价证券进行投资的国际资本流入。FDI 和证券资产组合投资的数据自世界银行数据库获取，国际银行净资产数据自国际清算银行（The Bank for International Settlement）数据库获取。

（3）控制变量的选取与数据来源

腐败通常会增加国际投资者的信息获取成本，而一国的开放程度和资本化率会直接影响国际资本流入的规模。本书分别采用廉洁指数、国际贸易占 GDP 比例以及股票市值占 GDP 比例，作为一国腐败程度、开放程度和资本化率的代理变量。

廉洁指数数据自国际反腐败组织"透明国际"（Transparency International）官方网站获取。"透明国际"的廉洁指数由经济学人智库、世界银行、环球透视专家和世界经济论坛的评估，并集合对居民和商界的调查后综合评定。该指数是引用率较高的全球腐败情况数据化指标，为 10 分制，一国得分越高表示政府越廉洁。国际贸易占 GDP 比例和股票市值占 GDP 比例，也是衡量一国开放程度与资本化率的常用指标。

在以上 3 个主要控制量外，为尽可能消除变量遗漏造成的模型识别误差，本书还加入其他 6 个可能影响资本流动的宏观经济变量为控制变量，分别是对外债务、人均 GDP、GDP 增长率、通货膨胀、政府赤字/盈余和实际有效汇率。这 6 个控制变量数据均来自世界银行数据库。

表 6.11 总结了变量及其数据来源。

表 6.11 变量说明与数据来源

变量类型	代理变量	数据来源
自变量	主权信用评级	据标准普尔官方网站数据(2014)计算
因变量	外商直接投资	世界银行数据库(2014)
	国际银行净资产	国际清算银行数据库(2014)
	证券组合投资	世界银行数据库(2014)

续表

变量类型	代理变量	数据来源
	廉洁指数	透明国际数据库（2014）
	国际贸易占 GDP 比例	世界银行数据库（2014）
	股票市值占 GDP 比例	世界银行数据库（2014）
	人均 GDP	世界银行数据库（2014）
控制变量	GDP 增长率	世界银行数据库（2014）
	政府赤字/盈余	世界银行数据库（2014）
	对外债务	世界银行数据库（2014）
	通货膨胀	世界银行数据库（2014）
	实际有效汇率	世界银行数据库（2014）

（4）变量描述统计及相关性分析

在现实中，东道国有很多经济与金融变量可以解释一国国际资本流动的变化，但一个模型包括的解释变量太多会降低模型自由度，并出现多重共线性。所以，本书首先做实验性回归，接下来剔除不显著变量，最后只保留最初 9 个变量中的 6 个作为控制变量。

表 6.12 给出变量描述统计；表 6.13 给出变量相关性分析。

表 6.12　　　　　　　　变量描述统计

变量	均值	中位数	最大值	最小值	标准误差
主权信用评级	11.31	11.00	20.00	0.00	3.82
外商直接投资	75.15	25.68	1477.91	−45.50	146.23

续表

变量	均值	中位数	最大值	最小值	标准误差
国际银行净资产	12.08	0.96	799.88	−378.48	77.97
国际证券组合投资	1.36	0.09	232.43	−67.56	15.29
廉洁指数	4.29	3.90	9.40	1.00	1.57
国际贸易占 GDP 比例	91.79	73.57	438.09	14.93	65.50
股票市值占 GDP 比例	52.99	31.62	617.05	0.02	69.28
实际有效汇率	53.55	75.44	155.78	0.00	51.47
人均 GDP	7826.29	4985.24	54260.08	409.32	7803.08
通货膨胀	9.39	4.44	1058.37	−3.96	44.23

表 6.13　　　　　　　　　　　　　变量相关性分析

	主权信用评级	外商直接投资	国际银行净资产	国际证券组合投资	廉洁指数	国际贸易占 GDP 比例	股票市值占 GDP 比例	实际有效汇率	人均 GDP	通货膨胀
主权信用评级	1									
外商直接投资	0.28	1								
国际银行净资产	0.25	0.09	1							
国际证券组合投资	0.03	0.20	0.88	1						

续表

	主权信用评级	外商直接投资	国际银行净资产	国际证券组合投资	廉洁指数	国际贸易占GDP比例	股票市值占GDP比例	实际有效汇率	人均GDP	通货膨胀
廉洁指数	0.82	0.14	0.05	- 0.02	1					
国际贸易占GDP比例	0.10	- 0.32	- 0.49	0.53	0.62	1				
股票市值占GDP比例	0.47	0.34	- 0.25	- 0.26	0.59	0.60	1			
实际有效汇率	0.18	0.09	0.11	0.07	0.16	0.07	- 0.02	1		
人均GDP	0.78	0.15	0.15	- 0.06	0.78	0.52	0.52	0.13	1	
通货膨胀	- 0.34	- 0.09	- 0.02	- 0.02	- 0.28	- 0.13	- 0.24	0.13	0.13	1

表 6.12 说明，各变量值在 42 个新兴经济体中差异很大。比如主权信用评级中，新加坡评级是最高级 AAA，但同时也有多个国家评级为违约级。此外，各国的开放程度与资本化率也存在较大差异。上述分析均说明，样本具有一定代表性。

表 6.13 中可以看出，首先，外商直接投资与国际银行净资产、国际证券组合投资形式的国际资本流动相关性分别只有

0.09 和 0.20，但国际证券组合投资和国际银行净资产二者的相关性达到 0.88，表明 FDI 是不同于其他国际金融资本流动的一种生产性资本流动。其次，主权信用评级与各种形式的国际资本流动均呈正相关关系，但具体对不同形式的国际资本流动的影响程度存在差异，说明主权违约风险越低，吸引的各类国际资本应该越多。

3. 动态面板回归模型设计

本书建立动态面板数据模型，以实证考察主权信用评级对不同类型国际资本流动的影响：

$$ICF_{i,t}^{j} = \alpha + \beta_1 ICF_{i,t-1}^{j} + \beta_2 SCR_{i,t-1} + \beta_3 Events_{i,t}$$

$$+ \sum_{k=1}^{n} \gamma_k EC_{i,t}^{k} + \varepsilon_{i,t} \qquad (6-1)$$

其中，ICF 指东道国 i 在年份 t 的国际资本净流入，j 分别为外商直接投资、国际银行净资产和证券资产组合投资。SCR 是标准普尔年度主权信用评级（符号结果已做量化处理），取值范围是 0—20。Events 指评级变化，评级下调为 -1，上调为 1，不变为 0。EC 指宏观经济控制变量。

4. 实证结果及分析

为避免出现伪回归，国际资本数据的平稳性需要通过检验，表 6.14 显示的是国际资本的单位根检验结果。结果表明，三种国际资本流动均平稳，不存在普通单位根和个体单位根的问题。

表6.14　　　　　国际资本流动数据的单位根检验结果

	外商直接投资	国际银行净资产	国际证券组合投资
Levin, Lin and Chu's test H_0:存在普通单位根	− 3.40817 * * *	− 2.73120 * * *	− 3.6233 * * *
ADF Fisher Chi—Sq test H_0:　存在个体单位根	143.7832 * * *	112.970 * *	183.176 * * *

注：＊＊＊、＊＊和＊分别表示结果在1%、5%和10%的水平上显著。

　　表6.15 给出三种国际资本流动对主权信用评级变动的动态面板数据回归结果。其中，资本流动滞后项系数均小于 1，说明数据平稳，并不不存在伪回归可能。下面从两个方面分析表6.15 反映的实证结果。

表6.15　　　国际资本流动对主权信用评级的动态面板回归结果

	外商直接投资		国际银行净资产		国际证券组合投资	
	(1) 评级下调	(2) 评级上调	(3) 评级下调	(4) 评级上调	(5) 评级下调	(6) 评级上调
资本 流动 滞后项	0.6361 * * *	0.6317 * * *	0.9116 * * *	0.9036 * * *	0.2173 * * *	0.2166 * * *
评级变量						
评级 滞后项	6.8206 * * *	5.6383 * * *	2.1838 * * *	1.9812 * * *	1.2565 * * *	1.1518 * * *
评级 事件	− 25.5857 * * *	− 0.3890	− 12.3961 * * *	4.8150 * *	− 2.4082 * * *	0.5449 * *
控制变量						
廉洁 指数	− 25.3424 * * *	− 22.2805 * * *	9.6872 * * *	10.3815 * * *	0.4633 * * *	0.5860 * * *

续表

	外商直接投资		国际银行净资产		国际证券组合投资	
	(1)	(2)	(3)	(4)	(5)	(6)
	评级下调	评级上调	评级下调	评级上调	评级下调	评级上调
开放程度	0.5617***	0.5561***	-0.3730***	-0.3883***	-0.3005***	-0.2946***
资本化率	0.4225***	0.4672***	-0.0272***	-0.0146***	0.1320***	0.1334***
实际有效汇率	2.2171***	2.3565***	0.2012***	0.2400***	0.2530***	0.2615***
人均GDP	1.2705***	1.0649***	2.0957***	2.1350***	0.1618***	0.1630***
通货膨胀	0.0360***	0.0404***	0.0137***	0.0123***	0.0063***	0.0063***
其他						
常数项	-136.6725***	-147.4378***	-53.6099***	-57.4296***	-9.2969***	-9.7471**
R^2	0.3890	0.3697	0.8511	0.8420	0.0859	0.0837

注：＊＊＊、＊＊和＊分别表示结果在1%、5%和10%的水平上显著。

（1）主权信用评级对外商直接投资的冲击及其不对称效应分析

表6.15中的回归（1）说明，一国主权信用评级下调1级，会导致外商直接投资净流出25.59亿美元。根据 Altman 和 Saunders（1998）以及 Classen 和 Enbrich（2002）的研究，由于遭受代理问题的影响（即不愿损害同债项发行者的关系）以及想缓冲评级变动对市场的影响、避免诱发评级危机的愿望，外部评级机构倾向于一步步逐级调低评级，而且评级调整的反应还有可能落后于市场。例如，在1997—1998年亚洲金融危机中，危机国主权评级平均被依序调低

4 级。根据回归（1）、回归（3）和回归（5）中反映的结果计算，评级被依序下调 4 级意味着危机国出现了 102.36 亿美元外商直接投资的净流出，再加上 49.6 亿美元的国际银行净资产流出和 9.6 亿美元的国际证券资产组合投资流出，危机国将遭遇超过 160 亿美元的外资流失。因此，即使危机国最终避免了违约的真正出现（如 1994—1995 年的墨西哥），最后还是会因主权违约可能性升高（表现为主权信用评级下降）而爆发主权债务危机，并遭遇债务危机对金融以及经济的冲击，以及大量外资的迅速抽逃。

比较回归（1）和回归（2）中评级事件的系数（分别为显著的 -25.5857 和不显著的 -0.389），可以发现评级上调事件对外商直接投资流动并无显著效应。同样，比较回归（3）和回归（4）、回归（5）和回归（6）中评级事件的回归系数，可以算出，评级上调对国际银行净资产和国际证券组合投资两种资本流动的影响分别是评级上调影响的 2.6 倍和 4.4 倍。因此，主权信用评级的上调与下调对国际资本流动具有显著的非对称性冲击效应。特别是对外商直接投资来说，东道国信用评级逐步恢复，并不会马上出现直接投资净流入的恢复。

此外，回归（1）中评级滞后项回归系数的显著性说明，外商直接投资有明显的路径依赖特征。考察其他控制变量也可发现，东道国较高的开放程度、资本化水平和人均 GDP 的回归系数均显著为正，说明这三个变量都有利于吸引外商直接投资进入。然而，较高的汇率、轻微的通货膨胀也有利于吸引直接投资，则可能因为新兴市场国家若出现这两种状况，通常意味着其国民经济处于稳定且繁荣发展的时期。值得注意的是，廉洁指数的系数显著为负，表明腐败程度越高，反而越吸引外商直接投资。对此可能的解释是，在 48 个样本新兴国家中，中国廉洁指数的得分均值是 3.38（10 分制）、得分较低，但中国却吸引了考察时段内将近半数的 FDI 流量。

（2）主权信用评级对外商直接投资的冲击与对其他形式国际资本流动冲击的比较分析

比较表 6.15 回归（2）、回归（4）和回归（6）中评级事件的系数，可以发现与国际银行净资产和组合投资在评级恢复后将出现明显回流不同（分别为显著的 4.815 和 0.5449），外商直接投资回流并不会迅速和显著地呈现增长（为不显著的 - 0.389），这符合直接投资较为稳定的流动特性，与国际金融资本起伏与波动较大的表现并不一样。但比较回归（1）、回归（3）和回归（5）中评级事件的系数（分别为显著的 - 25.5857、- 12.3961 和 - 2.4082），问题是，为什么外商直接投资对主权信用评级下调的反应却比其他两种形式国际资本的反应更为强烈呢？

第一个解释是，外商直接投资以在东道国创办企业、参股控股企业或合作项目建设等方式植根于东道国，退出与进入均需要一定的时间；等到该国主权信用评级下调时，对直接投资的负面冲击才开始释放出来，待到评级上升时，直接投资的回流也需要一段时间。而一国主权违约可能性的增加，通常能及时体现在借款成本的增长中。特别是价格实时变动的股票、债券等市场，价格和相对利差的变化早已经开始导致流动性较强的国际证券组合投资流出，信用评级下调只是给金融投资者带来资本市场价格之外的额外信息。国际商业银行则多数有自己的内部评级系统，其内部评级调整时间普遍更早且调整幅度更大，因而其净资产调整行为也多开始与外部评级发布之前。

第二个解释是，本书考察的样本国家为新兴市场国家，因而在债务危机爆发时，即使是资产价格下跌，东道国资产对国际直接投资者的吸引力也并未见得增加。样本国家群体相对缺乏需要长期资本和人力资源的发展以及相应的制度支撑才能培育出的创造性资产，吸引的多是市场寻求型、自然资源寻求型和效率寻求型的外商直接投资，而其中最主要的市场寻求型的直接投资则多规避经济基本面走低的东道国。

第三个解释是，本书考察时段为 1995—2008 年，这个时段内，外商直接投资在新兴市场国家经营力度虽然较大，但普遍经营历史不长、经验与信心并不充足；因此在危机国经济与金融局势动荡、未来市场和制度环境还充满不确定性时，外商直接投资可能倾向于积极避险。该时段，外商直接投资在发展中国家重要性重新上升，样本国家吸引的外商直接投资净值均值分别是其他两种形式国际资本净值均值的 6.64 倍和 6.22 倍；同时，这也是外部机构对这部分新兴市场国家给予主权信用评级的第一个十年，因而搜集观察值并评估的经验相对有限，评级尤为谨慎。42 个样本国家平均仅获"BBB－"评级，即投资级评级的最低门槛；而且在评级机构一次调低其主权评级后，随后会在短期出现多次下调，特别是在意想不到的事件发生后评级会出现频繁而急剧的调整。考虑到外部评级巨大的资本市场效应，评级对债务爆发已不仅仅是预警或确认，而是实在地扮演了推波助澜、深化危机的角色。

三 本章小结

本章的主要工作，一是就 20 世纪 80 年代拉丁美洲主权债务危机和 1994—1995 年墨西哥主权债务危机对当时 FDI 的流动与运营造成的影响进行经验分析；二是考察主权债务危机预警及主权违约风险评估研究，选取主权信用评级为主权债务危机的衡量指标，对主权债务危机对外商直接投资的影响进行实证检验。

本章的创新点，一是以 20 世纪两次典型的主权债务危机为视域，全面而具体考察主权债务危机对 FDI 流入（包括规模、构成类型、行业分布、来源国构成）和境内跨国公司经营状况（包括企业个数、雇员数、资产额、销售额、税前利润、工资、进出口和研发费用等）的影响。

二是以标准普尔发布的主权信用评级为主权债务危机预警指标，考察 1995—2008 年，42 个新兴经济体的主权信用评级变动对外商直接投资流动的非对称影响，并与其他类型国际资本所受影响对比研究。

本章的研究结论是：第一，经验分析表明，20 世纪 80 年代开始，主权违约开始伴随银行业危机、恶性通货膨胀、内债违约和产出崩溃等事件，以主权债务危机形式威胁违约国及地区经济发展。其中，拉丁美洲主权债务危机造成整个 20 世纪 80 年代整个区域内持续的 FDI 流入减缓，但与债务危机期间波动性巨大的商业银行贷款相比，FDI 还是表现更为稳定。

　　1994—1995 年墨西哥主权债务危机期间，从 FDI 流入结构来看，当期利润再投资和其他类型（包括公司内部金融、出口加工组装企业固定资本设备的进口等）FDI 流入减少，新增股本投资增长；从 FDI 的目标产业来看，第三产业的 FDI 降幅较大，第一产业和第二产业的 FDI 降幅相对较小；从来源国看，源自发达国家的 FDI 降幅不大，源自发展中国家的 FDI 降幅非常大。这说明，危机确实给部分跨国公司带来增持资产的机会，但处于市场需求弹性较大的行业的 FDI 企业还是会受到较多负面影响，而源自发达国家的跨国公司风险抵御能力更强一些。就墨西哥主权债务危机对境内跨国公司的影响来看，整体而言，跨国公司工资与薪酬及附加值水平均小幅下挫，但均保持了出口持续增长。值得注意的是债务危机期间，墨西哥境内跨国公司进口增长速度比出口增速快。出现这种情况的解释，不排除跨国公司为抵御危机国增税增收而实施了进口的转移定价等策略。

　　第二，20 世纪 90 年代至今，国际资本市场最倚重的主权信用评级，是外部专业评级机构发布的公开可得且连续的主权评级。本章的实证工作表明，主权信用评级下调显著负面冲击 FDI。具体来说，一国主权信用评级下调 1 级，会导致 FDI 净流出 25.59 亿美元；以 1997—1998 年亚洲金融危机中，危机国主权评级平均被依序调低 4 级的情况分析，意味着危机国平均出现了 102.36 亿美元的 FDI 净流出。但主权信用评级上调对 FDI 并无显著效应。此外，FDI 对主权信用评级下调的反应比其他形式的国际资本的反应更为强烈，对此本章提出了三种可能的解释。

第七章 发达东道国主权违约对当地
中国直接投资的影响研究

从 2009 年起，主权违约自"二战"结束以来第一次在发达国家群体内成规模地爆发，而此时的中国正呈现自 1979 年开始正式对外直接投资以来最大的一次井喷式发展。中国对外直接投资在发生主权违约的发达国家逆市而上的表现，引起了国内外普遍关注。

为解决该疑问，本章首先介绍研究背景并提出问题；其次，分析中国在发达国家直接投资的现状与特点，并据此分析发达国家主权违约对当地中国直接投资的多重影响；再次，引入跨国公司及其母国为参与方，对违约国与跨国公司及其母国之间的博弈进行理论分析，探究母国制度对博弈结果的影响；最后，基于母国制度视角，分析发达东道国主权信用评级对当地中国直接投资的影响，采用中国对外直接投资国际面板数据动态模型进行实证检验，并对发达国家主权违约背景下中国跨国公司拓展当地直接投资提出对策与建议。

一　研究背景与问题提出

　　主权国家也有可能对其债务违约，这对于发展中债务国来说并不是新鲜事。从 20 世纪 80 年代违约的墨西哥等拉美国家，到 1998 年的俄罗斯、巴西以及 2001 年的土耳其和阿根廷，近几十年来一系列主权违约事件几乎都发生在发展中国家和转型国家。① 问题是，从 2009 年开始，主权违约自"二战"结束以来第一次在发达国家群体内成规模地爆发。首先是 2009 年起，欧盟的"欧债五国"（PIIGS）葡萄牙、爱尔兰、意大利、希腊和西班牙，由于长期不平衡的国内发展模式等原因导致国家失去竞争力，又在 2008 年全球金融危机的冲击下执行了大规模的财政刺激计划，无法负担的高额财政赤字和不断攀升的公共债务相继引发了这些国家的主权违约；2011 年后，美国、法国、英国等在评级机构发布的主权信用评级问世半个多世纪以来一直享有最高信用评级的主要发达国家，也陆续遭遇评级下调。

　　世界经济的另一个变化是，来自发展中国家和转型国家的直接投资在全球直接投资中扮演了越来越重要的角色，从 20 世纪 90 年代平均占全球直接投资年度流量的 12% 增加到新千年以来的年均 19.8%。尤其是 2008—2012 年，源自发展中国家和转型国家的直接

---

　　① 在联合国贸发会议（UNCTAD）等国际组织的统计分类中，转型国家指 1992 年后由中央计划经济向市场经济转型的独联体国家及中东欧国家，不包括中国、越南等改革开放的社会主义国家。

投资更是占到了全球直接投资 28.8% 的份额。

其中，中国自 1979 年开始对外直接投资以来，经过 30 多年的发展，投资水平取得明显提高，中国正在崛起为新的资本输出大国。[①] 以中国为母国的跨国公司在 2008 年全球金融危机后世界经济持续衰退、国际直接投资大幅下降的背景下，把握机会，加大了"走出去"的步伐。2008 年当年我国 OFDI 增速为 111%，到 2013 年时，OFDI 年流量更是达到了历史性的 1078.4 亿美元，为当年全球对外直接投资第三大经济体，仅次于美国与日本。

2009 年以后，发达国家主权违约爆发直接导致流入当地的国际信贷和国际证券投资减少，但其对国际直接投资的影响特别是对处于迅速上升期的中国直接投资的影响究竟如何，仍然缺乏理论研究和系统分析。

同时，中国对外直接投资在发达东道国逆市而上的良好表现，引起了国内外普遍关注。中国企业对外直接投资，在实证研究中多被认为与发达国家企业对外直接投资行为不一致。其中较突出的一点是，中国对外直接投资并不完全为东道国高政治风险、高腐败程度及法治混乱等恶劣的区位条件所阻碍（Buckley 等，2007；Cheung 等，2012；Kolstad 和 Wiig，2011；Kolstad 和 Wigg，2012；王娟和方良静，2011）。

部分国外研究者认为，中国跨国公司得益于国内政策性银行供给的低利率资金等国家层面的补贴与支持，反而更偏好在高风险国

---

① 本书中的中国对外直接投资指中国大陆地区对外直接投资，即不含我国香港、澳门特别行政区和台湾的对外直接投资。

家攫取国内急需的自然资源和战略资产，因此中国直接投资是应当引起警惕的"新殖民主义"①。

经典国际直接投资折中理论确实提出，东道国的区位优势，如稳定良好的政策环境、较高的人均购买力和科技水平以及丰富的资源等，是吸引外商直接投资的必要条件（Dunning，1977）。发生主权违约的发达东道国区位条件显然会发生相应变化，给投资者带来波动的经济与制度环境。但值得注意的是，传统国际投资理论及实证研究以发达国家对外直接投资实践为基础，对于理解处于稳定、成熟的制度环境和完善的市场机制中的企业对外投资行为比较有效，但对解释和预测处于市场机制发展初期、制度体系存在较大缺失的新兴经济体企业对外投资并不完全适用。新制度经济学的产生、发展则对上述问题进行了补充与拓展。新制度经济学认为，企业所处的制度环境是影响其跨国行为的重要因素，制度因素会直接影响企业优势的发挥进而影响投资效益。

所以，研究东道国主权违约对当地中国直接投资的影响，需结合中国发展中国家与社会主义市场经济体制的制度背景进行考虑，才能更好地理解发达国家主权违约作用于当地中国直接投资的机理与结果。

总之，已有研究和本书之前的工作建立了分析东道国主权违约影响FDI的一般框架，但并未考虑不同母国制度环境下的跨国公司及其母国具有不同行为动因与特征，因而不能直接应用于理解发达东道国主权违约对中国直接投资的影响。因此，本章接下来将考虑

---

① 参见 Kolstad I., Wiig A., "Better than devil you know? Chinese Foreign Direct Investment in Africa", *Journal of African Business*, 2011, 12 (1): 31 – 50; Kolstad I., Wiig A., "What determines Chinese outward FDI?" *Journal of World Business*, 2012, 47 (1): 26 – 34。

中国在发达国家直接投资发展现状与特点以及中国制度因素的影响，综合运用经验分析、理论分析和实证研究方法解决该问题。

二 发达东道国主权违约对当地中国直接投资影响的经验分析

（一）中国对发达国家直接投资的现状与特点

我国对外直接投资事业起步较晚，在 1979 年起最初的十多年里发展缓慢。2001 年后，由于中央政府在"十五"计划中开始明确鼓励中国企业"走出去"，并逐步落实了下放对外直接投资审批权、放松利润汇回比例等一系列政策，并且在我国加入世贸、国内 GDP 连续 20 多年近两位数增长以及巨额外汇储备仍不断增加的背景下，中国对外直接投资进入了持续十多年至今的高速发展时期。

1. 中国对外直接投资的地区分布

图 7.1 展示了截至 2011 年年底，全球和我国对外直接投资存量地区分布的对比。如图 7.1 所示，与全球直接投资者相比，我国企业对离岸金融中心的投资兴趣惊人[①]；此外，虽然发达国

---

① 我国流向离岸金融中心的直接投资与流向其余发展中国家及地区直接投资的动机不同。前者有返回内陆套利的"迂回投资"，也有借避税地转往海外其他国家以便利资本运作和逃避监管的投资，其实际最终流向无法确定。因此在本书对发展中国家和地区直接投资的分析中，不包含香港、英属维尔京群岛和开曼群岛这三个我国投资者青睐的避税地。值得注意的是，因为我国大量 OFDI 去往这些资本最终目的地无法确认的离岸金融中心，所以中国对全球其余地区的直接投资数据可能被低估。

家吸收了全球六成以上的直接投资存量，但我国对外直接投资在发达国家和发展中国家的存量分布较为均匀，没有特别明显的偏好。

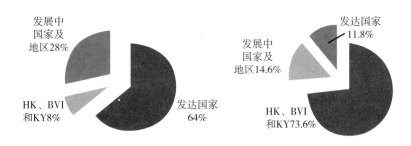

图7.1　全球（左）和我国（右）对外直接投资存量地区分布的对比（截至2011年年底）

数据来源：据商务部中国对外直接投资统计公报资料和联合国贸发会议（UNCTAD）相关统计整理。

注：HK、BVI和KY分别代表香港特别行政区、英属维尔京群岛和开曼群岛。

图7.2展示了2003—2011年，中国对外直接投资流量的地区分布变化。图7.2表明，2008年以前，我国大多数企业更倾向于在亚非拉地区投资；2008年以后中国企业反而对发达国家投资兴趣增加。其中流入欧洲地区的直接投资增长最为迅速，往北美洲和大洋洲的投资也有不同程度的增长。这证实了在全球经济持续衰退和国际直接投资大幅下滑的背景下，部分实力雄厚的中国企业"抄底"海外资产，适时加快了在发达国家的海外扩张。

单位：亿美元

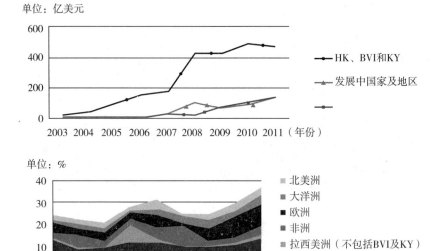

图 7.2 中国对外直接投资流量的地区分布变化（2003—2011）

数据来源：据商务部中国对外直接投资统计公报资料和联合国贸发会议（UNCTAD）相关统计整理。

注：HK、BVI 和 KY 分别代表香港特别行政区、英属维尔京群岛和开曼群岛。

2. 中国对外直接投资主体的构成

2003 年来，中国对外直接投资企业中的原国有企业数目下降迅速；而有限责任公司和股份有限公司形式的企业数量增长幅度最大，到 2011 年年底时已稳定在投资主体总数七成以上，这也反映了近年来各级国有企业体制及所有权改革的结果。由于我国社会主义市场经济体制的性质以及国有企业历史以来的优势地位，到 2011 年年底时，国有企业对外直接投资在我国对外直接投资存量中仍占比六成以上。

此外，商务部统计资料进一步显示，中央政府管理的国有企业、国有资本控股的有限责任公司和股份有限公司，仍然是我国跨国公司的绝对主力，其对外直接投资一直占中国对外直接投资存量的2/3以上；同时，私人部门和其他所有制企业的稳步崛起也使中国对外直接投资者多元化的趋势不断深化。

3. 中国对发达国家直接投资的行业分布

据商务部历年统计资料分析，中国对欧盟商务服务业的投资在2008—2010年增长迅速；对美金融业投资则在2008年时达到峰值，当年中国主权财富基金——中国投资有限责任公司等金融企业在美达成了数笔巨额交易。这些都反映了我国为缓解外汇过度储备风险，借发达国家金融危机和信用危机之时，加快企业国际化经营、增殖国家资产的决心。

中国对欧盟和美国制造业的投资（分别为中国在当地直接投资存量的20%和22.2%）明显高于对全球制造业投资的水平（总直接投资存量6.4%），主要集中在电信、电子电气和机械等装备制造业；并且，中国对发达地区制造业投资在2007—2012年并没有因该地区双重危机影响而表现出明显下滑趋势。

拥有充足劳动力资源的"世界工厂"中国，反而对人力成本较高的欧美地区制造业投资兴趣浓厚，主要出于以下几个方面的原因：为绕过发达国家关税和非关税贸易壁垒；考虑到"made‐in"标签对发达市场顾客心理的重要影响，也为了给顾客量身打造更贴近其需求的产品；利用和学习当地设计、经营管理、营销理念和技能；此外，全球海运费用的逐年增高和中国人力成本的上升也是中国企业走出国门的推动因素之一。

中国对澳大利亚近七成的投资分布在采矿业，远远高于对全球采矿业投资的平均水平（总存量 14.1%）。并且，对澳采矿业投资也并没有受到金融危机的明显影响。

4. 中国对发达国家直接投资企业的规模

中国商务服务企业、金融企业和采矿企业在海外平均投资规模相当大，其中大部分投资由央企和国企完成。而占投资主体总数 37.8% 的制造企业和占总数 32.8% 的批发零售企业仅投出 6.4% 和 12.8% 的直接投资存量，说明中国制造业和批发零售行业的境外企业数目多，但是平均投资规模小，多为国内民企直接投资。

结合中国境外企业在发达国家直接投资的行业分布情况分析，在欧盟和美国投资的企业中首先包括大量投资规模小、以民企为主的制造企业。此外，在欧盟经营的还有为数不多但投资规模较大的商务服务业企业；对美第三产业投资者则主要由国内行业集中度极高的金融企业以及投资非常分散的大量批发零售企业组成。在澳大利亚投资的企业主要是数目少但驾驭资本量惊人的采矿业国企及央企。

截至 2012 年年底，中国在欧洲、北美和大洋洲的境外企业共 6337 家，占境外企业总数 28.9%，而中国对发达国家投资存量仅占总 OFDI 的 11.8%。由此可见，中国企业向发达国家投资的平均规模小于向全球其他地区投资的平均规模。

5. 中国对发达国家直接投资的进入模式

一系列研究中国在意大利等发达国家直接投资的学者均指出，过去中国对当地直接投资多为贸易支持型和市场维持型的小规模绿地投资；2000 年后，兼并与收购投资增长迅速，并且中国企业更倾向于对经营不善的企业进行侵略性较强（自身规模与目标规模之比较低）的并购（Antkiewicz Whalley，2006；Rabellotti 和 Sanfilippo，2008；Pietrobelli 等，2010）。这反映了近年来，中国对发达国家直接投资正在从支持贸易、维护市场份额的防御型投资，转变为开拓市场、主动寻求战略资产的进攻型投资。

截至 2012 年年底，海外子公司及分支机构占我国境外企业总数的 95.7%，联营公司仅占 4.3%。这说明中国跨国公司利用国际资本来分散经营风险、实现优势互补的能力与意愿普遍较低。

（二）发达东道国主权违约对当地中国直接投资影响的分析

结合中国对发达国家直接投资的现状与特点以及主权违约影响 FDI 的框架及机理来看，源于我国不同投资者、以不同模式进入发达国家不同行业的直接投资将受到不同程度和性质的影响。下面分别从发达国家主权违约带给中国直接投资企业的风险和机遇两个角度进行分析。

1. 发达国家主权违约对当地中国直接投资的负面影响

（1）违约国政府间接征用的负面影响

虽然从理论上来说，发生主权违约的国家可能会对境内外商投资资产进行全面征用或者是加以区分的选择性征用，但对于已经建立了较成熟的市场经济体制及相应法规的当代发达国家而言，发生直接征用的概率是极低的。因此，因财政困难而无法按期偿债的发达国家政府对境内海外资产的干预大多表现为以增税、颁布特殊的进出口规定等手段实现的间接征用。

例如，希腊从 2010 年年初以来多次上调增值税、燃油税、烟酒类商品消费税，并对部分商品开征特别税，期望在短时期内迅速增加政府收入以缓解债务压力。葡萄牙、西班牙、法国等国也都纷纷推出系列增税增收政策；其中一些国家如爱尔兰，甚至已经达到所能采取的税收政策的极限。这些措施将会影响在这些国家经营的我国各类跨国公司的投资回报，造成东道国政府对其利润的隐性侵占。

对于在东道国内控制和经营实体资产的我国企业而言，他们不同于提供国际信贷的债权人，本来就不享有固定的或明确的投资回报额度；并且政府间接征用的负面影响是隐性的，很难区分一个企业此时的利润下降是由于政府间接征用行为的影响还是因为企业自身的经营欠佳。比如，每个国家都对境内的外国直接投资征税，但却很难在公平征税和政府间接征用之间划出明显的界限。特别是，有些细微的税收体制的改变是特地为征用某种特定投资的收入回报而设计的，这些设计就更加不易被外部观察者察觉和辨别。所以，在主权违约风险不断聚集的发达国家拥有企业等实物资产的我国直接投资者无法像国际债权人那样，向国际组织和母国政府求助，要求东道国返还本金、利润以补偿损失；同时，也无法像国际证券投资者那样，能够较为容易地迅速抛售资产以尽快从债权国抽身。

此外，因债务过度累积而被调低主权信用评级的美国还享有比欧元国更多的货币政策空间，如可以增发主权货币造成本币贬值，以直接减少实际债务水平。这实质上就向在美经营的我国跨国公司的投资回报加注了水分，构成对其利润的间接征用。

具体分析发达违约国间接征用对中国直接投资的影响，不同类型甚至每一个特定的中国跨国公司或投资项目受到的影响都不一样。

其一，从进入模式来看，95.3% 的中国企业投资方式是直接建立缺乏风险分担的独资海外子公司或分支机构，这将明显加大其面临间接征用时的风险敞口。因为政府对所有权更多样化的 FDI 企业，如合资企业会缺乏增税动力，外商直接投资的独资公司则有较大的可能会面对各种隐性的利润间接侵占。

其二，从服务的市场来看，我国跨国公司在发达国家直接投资多为针对当地或周边地区市场的海外经营，因而在面对东道国间接征用时更加脆弱。如果是针对第三国或地区外市场而非东道国市场的出口导向型企业，将能在政府间接征用时更好地维持市场份额和利润。但中国本国劳动力资源丰富、生产成本相对低廉，中国企业对欧美投资的主要目的一是绕开关税等壁垒、更直接和更快地服务最终顾客；再就是利用当地科研力量和高素质劳动力及管理队伍，提升产品形象和研发能力。

如海尔和 TCL 在欧洲和北美的直接投资都属于这种为寻求市场或技术而进行的"水平型直接投资"，鲜有将海外子公司作为全球价值链一环，利用当地廉价而丰富的资源生产针对国外市场产品的"垂直型直接投资"。

其三，从企业层面的竞争力来看，中国大部分跨国公司仍然缺乏有全球竞争力的品牌、核心技术和国际经营经验丰富的管理队伍等企业层面的所有权优势[1]，因而对东道国政府的间接征用比较敏

---

① 参见 Second Ranking Survey Finds Strong Growth in the Foreign Assets of Chinese Multi-nationals［EB/OL］. 2009 - 12 - 17（http：//www. vcc. columbia. edu/files/vale/documents/EMGP - China - Report - 2009 - Final - 16Dec09. pdf）.

感，也将更多地受到发达国家间接征用的干扰。来自发达国家的著名跨国公司，往往拥有一些历史悠久的知名品牌，或者是特殊的管理技巧和关键技术专利等不易被异化的核心战略资产。相比之下，我国企业的海外经营，主要是将在国内广阔市场中积累的利润、经验以及国有政策性银行的资金支持等源于国家层面的所有权优势向国外的跨境转移。

例如，我国在欧洲和北美有大批小规模投资的制造企业和批发零售企业，虽然它们在大规模生产和销售标准产品方面积累了丰富经验，也有部分企业在海外经营中提升了技术创新水平、逐渐树立了品牌影响力；但其中大部分企业还是缺乏关键技术和自主知名品牌，产品利润微薄，在当地市场的品牌忠诚度低、产品可替代性高，因此很难在东道国对境内企业和个人增加征税时仍然维持住市场份额和获利空间。

（2）主权债务危机导致的违约国及地区内需求减少、信贷紧缩
和经济衰退的负面影响

违约国国内一般附带实施大规模财政紧缩政策，政府采取减少医疗教育养老等福利支出、裁撤公务员职位、削减公务员薪资或减少公职岗位工作时间、减少甚至停止基础设施投资等方式来降低财政赤字。这将在增税的基础上进一步减少个人收入并遏制居民消费欲望与能力，降低国内需求，从而恶化企业经营状况并影响实体经济。而持有大量国债的本国银行在金融危机后的主权债务危机中更缺乏流动性，影响到个体家庭和企业负债利率与规模，引发私人部门信贷紧缩，给企业经营带来负面影响。此外，"欧债五国"的危机

不断通过债权人渠道、银行渠道、实体经济渠道、贸易渠道和心理预期等渠道向与其经济联系紧密的德、法、英等欧盟国传递，引发地区性经济衰退。

在这种情况下，如果是在市场需求较稳定、不易受经济波动影响的行业经营的企业，如在生物医药、日化产品、基本的农林牧副渔等行业运营的企业，可能会更好地应对需求下挫等问题。但如上一节分析，我国对欧盟投资超过六成流向第三产业，其中 2/3 以上流入商务服务业从事贸易支持、市场行销及售后等活动；美国第三产业更是吸收了七成以上中国流向该国的直接投资，其中一半以上又流入金融业、批发零售业和商务服务业。这些都是随经济波动而需求强烈震荡的行业，因此我国企业将不得不更多地面对东道国国内甚至地区内的经济恶化问题。但债务国居民和企业收入减少、生活与生产成本紧缩，也可能给善于以较低成本大规模制造、销售有一定技术含量的标准产品的我国在当地的制造业、批发零售业和商务服务企业带来新的商机。

2. 发达国家主权违约带给当地中国直接投资的机遇

（1）违约国资产价格下跌、本币贬值，而人民币却被预期未来仍有更大升值空间，这给我国部分实力雄厚的企业带来绝佳的扩张机会。

违约的欧元国因信用评级不断下降，遭到国际债权人中止或撤回贷款，国际资产组合投资者也纷纷抛售该国资产，使得违约国金融资产价格下跌，股市和房价暴跌，国内资产价格探底。2009 年后，欧洲银行中的普通资产缩水 33%，随普通股权益调整的资产缩水率达到 42%。另外，至 2009 年时欧元的汇率较 2003 年贬值已近 1/4，美元在 2008 年初时贬值幅度较 2001 年就已达到 66.4%。这对于我国部分资本充足且具有国际兼并收购意向的企业来说，是一个极富吸引力的向发达地区直接投资经营的契机。

（2）爆发主权债务危机的发达国家对资金的渴求给中国资本进入该地区提供了新机会。

一国主权评级往往是该国企业等私人部门所能得到的评级的上限，因此，在国内及地区内银行都缺乏流动性的情况下，遭遇评级下调的企业的资金情况只会是雪上加霜。而中国跨国公司主要依靠自有资金和国内银行贷款进行海外投资，国际融资和东道国筹资比例很低。所以在其他间接和直接投资纷纷撤离违约国，造成违约国内经济进一步衰退、失业率居高不下的时候，能给东道国经济注入新鲜血液的中国直接投资受到追捧，也受到相对于平时较少的投资壁垒干扰和涉及"国家安全""政治风险"等问题的猜忌与审查。

（3）作为财政紧缩政策的一部分和获得 IMF 及欧元区援助的条件，"欧债五国"和爱尔兰等国都开始实施大规模国有企业私有化计划，为分散我国外汇储备风险、增持海外优质资产创造了机会。

如爱尔兰就在公开拍卖数千个国企的巨额资产，葡萄牙则已经进行了电力、航空、造船、邮政等原公共部门的私有化，其中我国三峡集团和国家电网等大型国企在葡萄牙成功得标。

（4）石油、天然气以及金属和非金属矿产等行业的我国企业由于国内政策偏向、金融扶持等原因，不仅对东道国主权违约带来的负面影响有更强承受能力，而且有可能从中发现加快海外扩张的机会。

中国持续三十多年的经济增长对自然资源的需求是刚性的，今后国内政策导向也将更加便利自然资源行业的大型国企及央企的海外投资，以逐步增强我国对全球能源、资源的生产控制权和价格决定权。

（5）违约国的居民和企业收入减少，将紧缩生活和生产成本，这也可能给善于以较低成本大规模制造、销售有一定技术含量的标准产品的当地我国制造企业、批发零售企业和商务服务企业带来新的商机。

三　制度视角下发达东道国主权违约对当地中国直接投资影响的理论分析

本节首先从一般意义上，对违约国与跨国公司及其母国之间的博弈进行理论分析；并在此基础上，从母国的经济体制与制度环境出发，讨论东道国主权违约对源自不同母国 FDI 的不同影响。最后，结合对中国制度的考虑，分析东道国主权违约对当地中国直接投资的影响，并提出假设。

（一）违约国与跨国公司及其母国的博弈

1. 仅有东道国为参与方的分析

东道国主权违约风险增大、爆发主权债务危机，可能出于缺乏偿债意愿，也可能出于缺乏偿债能力，部分债务国则二者兼而有之。

不同原因引起的东道国主权违约均以相应机制负面作用于境内外商直接投资。

第一种情况，主权政府因缺乏偿债意愿而导致信用下降甚至违约，多发于政局剧烈动荡或政权非正常更替的发展中国家和地区。此时政府不仅拒绝偿还债务，还对境内跨国公司实施不给予补偿或只给予极少补偿的强制国有化或直接征用。这时的跨国公司失去直接投资 k 和未来所有可能的投资回报 $r(k)$。

第二种情况，主权政府因缺乏偿债能力而引起的信用下降与违约，在"冷战"结束以来越来越多见，其发生范围也不再局限于发展中国家。违约国政府为缓解财政困境而实施的大规模增收减支政策，虽不涉及境内跨国公司的所有权和控制权，但形成对其利润的间接征用，从而降低其投资回报 $r(k)$。而东道国国内甚至区域国家内的主权违约，也会损害跨国公司盈利基础。

第三种情况，主权政府同时缺乏偿债能力与偿债意愿在现实中最为常见。债务国试图通过暂时违约，在债务重组谈判中换取更有利的偿债条件。但跨国公司不像国际债权人那样享有明确约定的本金和利率可以通过债务重组谈判争取自身利益，也不像国际金融投资者能够迅速抛售资产。直接投资反映跨国公司在东道国直接控制、经营企业的长期而稳定的兴趣，其直接投资 k 和回报 $r(k)$ 往往得承受经济与制度环境的波动。

总之，东道国主权违约风险上升可通过政府直接或间接征用，以及引发主权债务危机等途径，负面影响境内跨国公司经营与收益。

2. 引入跨国公司及其母国为博弈主动参与方的分析

现实中企业跨境运营涉及三个参与者：微观企业、东道国与母国，但上述一般影响机理研究只涉及东道国一个主动参与方，企业被设定为被动接受者，且完全不考虑母国参与。因此，下面引入母国和跨国公司作为博弈的另一主动参与方，进行理论分析。

（1）针对东道国征用的母国惩罚模型。

假定一个简单的二期模型可以概括跨国公司的长期行为。跨国公司在第一期直接投资 k，在第二期获取回报 $r(k)$，模型在第二期结束。如果东道国征用跨国公司资产或回报，它将遭受母国惩罚 $\bar{P}$，$\bar{P}$ 与 $r(k)$ 单位相同。那么有

$$x = \begin{cases} r(k) & \text{如果不征用} \\ \bar{P} & \text{如果它征用} \end{cases} \tag{7-1}$$

东道国的福利函数 $U(k,x)$ 随直接投资量 k 增长而增长，且是负债 x 的减函数。实施征用的东道国在第二期的总效用为：

$$U_e = U(k,\bar{P}) \tag{7-2}$$

如果不征用，它的效用为：

$$U_p = U[k,r(k)] \tag{7-3}$$

东道国选择不征用，如果：

$$U_p \geqslant U_e \tag{7-4}$$

对这一替代的比较，是主权信用危机中的东道国选择对跨国公司征用与否的核心。

假定跨国公司是竞争的，且面临资金机会成本 i，其要求的投资回报为：

$$r(k) = (1 + i)k \tag{7-5}$$

把式 (7-1)、式 (7-2)、式 (7-3) 和式 (7-5) 代入式 (7-4)，表明债务国不征用，当：

$$\bar{P} \geqslant (1 + i)k \tag{7-6}$$

式 (7-6) 说明，当来自母国的惩罚 $\bar{P}$ 足够大时，东道国选择不征用跨国公司投资及回报。具体而言，母国可能以禁止未来借款、干预东道国国际交易与支付、外交与政治交涉甚至军事手段威胁等方式惩罚东道国。

其次，分析具有不确定性的母国惩罚模型。

接下来，给模型引入不确定因素。假定惩罚依赖自然状态 s，即：

$$P = P(s)$$

实施征用的东道国的效用为，

$$Ue = U(k, P, s)$$

其中，自变量 s 表明效用以不通过 P 的方式依赖 s，如果不征

用,它的效用为

$$U_p = U[k, r(k), s]$$

对 S 中的所有状态 s,债务国不征用,对此有:

$$U_p \geq Ue$$

对 S' 中所有状态 s,结果则相反。债务国的预期效用为:

$$\int_S U_p f(s) ds + \int_{S'} U_e f(s) ds$$

其中 $f(s)$ 是状态 s 的概率密度函数。如果跨国公司资金机会成本为 i,那么:

$$\pi r(k) = (1 + i)k$$

其中不征用的概率 π 为:

$$\pi = \int_S f(s) ds$$

跨国公司可能的最大回报是 $r^+(k) = \underset{S}{\mathrm{Max}} r(k, s)$,但其实任何满足 $r(k, s) < r^+$ 的状态 中,s 都可以被视为可免除惩罚的情况。即,仅当:

$$r(k) < r(k, s) \tag{7-7}$$

而不是小于 $r^+(k)$ 时,母国才施加惩罚。前提条件是,状态 s 在事后能被母国观察到,且在对已发生的事实不存在争议。问题是,

现实中的状态 s 可能不易被母国发觉和辨别。特别是东道国的间接征用，它对跨国公司的负面影响是隐性的，很难区分一个企业当时的利润下降是因为政府的间接征用政策（如针对某类跨国公司投资回报设计的、违背公平征税原则的税收体制细微改变），还是因为企业自身经营欠佳。

（2）增加考虑微观企业能力的模型。

东道国政府征用时，可能会考虑跨国公司母国发觉和实施惩罚的可能性。但能否化解东道国经济与金融环境恶化对自身直接投资回报的负面影响，主要依靠企业能力的发挥。

假定跨国公司在东道国继续经营与否取决于直接投资回报率与资金机会成本下回报率之间的关系，即：

$$R[r(k)] \geq R[(1+i)k] \text{ 继续直接投资}$$

$$R[r(k)] < R[(1+i)k] \text{ 减资或撤资} \qquad (7-8)$$

结合姜世鹏（2014）在戴蒙德世代交叠模型（1965）基础上推导的企业对外直接投资回报率公式：

$$R[r(k)]_t = \mu\alpha c\, l_t Ksa \text{ 时间 } t \in [0, n] \qquad (7-9)$$

可知，整体回报降低时，能在短期内增加资本存量 K 的企业才可能继续在东道国经营。因为除了企业资本存量 K 以外的其他变量，包括对外直接投资成功经营的概率 μ、个人消费品生产率 α、直接投资生产技术水平 c、母国储蓄率 s 和个人消费品生产技术水平 a 这些技术参数以及劳动力雇佣量 l，都难以在短期内实现改变。

（二）主权违约对外商直接投资的影响：基于母国制度视角的分析

根据东道国与跨国公司及其母国的博弈分析，FDI 母国及时辨别政府干预并惩罚东道国的可能性以及企业在短期内增加资本存量的可能性，对跨国公司能否在东道国违约时抵御风险、继续经营起关键作用。

假设母国对其所有跨国公司都进行普遍、无差别的维护是不现实的。那么，什么样的跨国公司能享有更多的母国关注和庇护？

本书认为，国有企业享有更多的母国关注与庇护。首先，国企由国家控股，母国政府对其企业信息有更多掌握渠道，能及时了解和敏锐辨别其遭遇的东道国征用，从而更快地做出反应。其次，在国企投资与回报遭受侵害时，母国更可能为维护其利益而选择惩罚东道国。国企的双重身份决定其对外直接投资不仅要兼顾企业微观利益，还要体现母国政府意志、配合国家宏观战略目标，因此能更多地得到母国政府各类资源的支持。

同样，国有企业在短期内增加资本投入的可能性也高于其他企业。东道国经济局势波动时，其他企业不一定有能力与意愿在短时期内增加当地投入。国企则可通过母国政府补贴、政策性贷款等方式，比较迅速地增加海外资本投入；再加上国企经营负有一定的国家战略目标，所以也会有在东道国逆市而上的意愿。因此，从整体来看，在与主权信用下降的东道国博弈过程中，以国有企业为海外投资主力的母国直接参与程度较高，其跨国公司资本扩充能力较强，更有可能获得于己有利的结果。

一国的经济体制与制度环境，决定了该国海外投资主体的格局，并深刻影响政府干预海外投资的方式。一方面，对处于市场经济体制发展初期的国家来说，历史与现实的制度环境造就了国企的优势地位，国企也自然成为对外直接投资的绝对主力。母国以"国家特定优势"重塑国企的企业所有权优势，使其克服跨国投资的后来者劣势，以跨境运营实现国家发展战略。

由于国内促进与保护对外直接投资正式制度供给既不充分也不以市场方式配置，市场经济体制发展初期的政府，支持对外直接投资的一般方式是：依靠强大的资源动员能力，以行政力量给予国企资源供给与政策制定上的倾斜，甚至直接运用经济、政治与外交手段为国企跨国运营开道护航。相比之下，对成熟市场经济体制国家来说，企业跨国运营已有数百年历史，国家的对外直接投资实质上是成千上万个境内私有企业自主自发的决策行为。母国政府倾向于通过不断健全和完善对外投资保护与鼓励政策体系，扮演企业跨境运营中的引导者和服务者角色。

（三）主权违约对当地中国直接投资的影响：基于中国制度视角的分析与假设

中国对外直接投资自 20 世纪 90 年代初起步，发展至 2013 年时对外直接投资流量已突破千亿美元，连续两年成为仅次于美国、日本的对外直接投资大国。但中国跨国公司并不具备世界领先的企业所有权优势，地域分布演进也不从周边发展中国家开始再向外扩展。因此，中国对外直接投资规模增长之快、地域分布之广，既不能被传统国际投资理论也不能被发展中国家对外投资理论所完全解释。

转型期的特定制度环境是影响中国企业对外直接投资能力和动机的重要因素。从母国制度视角出发，才能厘清东道国主权信用下降与当地中国直接投资之间的关系。

中国中央政府管理的国有企业即央企，数目不多但投资规模巨大，是中国海外投资的主力军，承担着85%以上投资量（裴长洪，2013）。中国地方政府管理的国有企业次之，承担10%以上投资量。以公有制为主体、多种所有制形式并存的所有制格局，以及市场经济发展初期的制度环境，导致中国海外投资主体及规模日益向少数央企集中。中国对外直接投资的市场机制没有真正建立，国有经济部门"走出去"受到系统性的政策照顾与支持。

中国国有企业集中在军工、电信、能源、矿产、建筑和贸易等涉及国家安全和经济命脉的行业部门，其对外直接投资不完全以企业利润最大化为目的，还肩负着实现国家经济发展战略和宏观调控目标的重要任务。具体来说，中国国企在发达国家的直接投资担负着获取品牌、技术、专利等创造性战略资源实现产业升级，以及获取营销渠道、运输物流网络开拓发达地区市场的期望；在发展中国家和地区的投资则承担着解决国内自然资源瓶颈、进行产业转移，同时开拓市场的重任。

总之，中国跨国公司以国企为绝对主力，在发达国家与发展中国家的直接投资均具有强烈的非市场动机，有可能在遭遇东道国主权违约带来的问题时，因得到更多母国关注、庇护与廉价资本投入而能够化风险为实现国家战略目标的机遇。因此，提出假设H7.1和假设H7.2。

H7.1：发达东道国主权违约概率下降，吸引中国直接投资。

H7.2：发展中东道国主权概率下降，吸引中国直接投资。

四　发达东道国主权违约对当地中国
直接投资影响的实证研究

（一）变量与实证模型设计

为检验上文提出的研究假设，本小节进行变量与实证模型的设计工作。

1. 变量选取及数据来源

本书以中国对 42 个东道国[①] 2003—2012 年的直接投资数据为被解释变量。该 42 国占中国（除离岸金融中心外）直接投资存量接近八成，具有相当的代表性。本书以标准普尔发布的长期外币主权信用评级为解释变量，并以与表 6.10 同样的计算方法将不定期发布的符号评级结果转化为年度评级。

本书以分别反映 FDI 市场寻求、自然资源寻求和创造性资源寻求三种目标的变量，以及东道国贸易开放度，作为外商直接投资区

---

① 42 个样本东道国包括：澳大利亚、奥地利、比利时、加拿大、丹麦、德国、法国、希腊、爱尔兰、意大利、日本、韩国、荷兰、新西兰、挪威、葡萄牙、西班牙、瑞典、英国和美国 20 个发达国家，以及巴林、巴西、文莱、玻利维亚、喀麦隆、智利、哥伦比亚、埃及、马来西亚、墨西哥、蒙古、土耳其、印度、印度尼西亚、哈萨克斯坦、菲律宾、俄罗斯、沙特阿拉伯、塞内加尔、新加坡、南非和泰国 22 个发展中国家。本书以 1974 年前的经济合作与发展组织（OECD）成员身份为发达国家判定标准。

位选择的控制变量。有许多经济变量可潜在地反映上述三种目标，但过多的解释变量将减少模型的自由度，造成多重共线性；且对本书结论影响不大。因此在逐步剔除不显著变量后，最终确定人均 GDP、GDP 增速、矿石能源出口比重、专利注册量以及贸易开放度 5 个控制变量。

表 7.1 为变量介绍及数据来源；表 7.2 为变量描述统计及相关性。

表 7.1　　　　　　　　　变量介绍及数据来源

变量类型	变量名称	含义	数据来源
因变量	CDI	中国对东道国直接投资年流量	中国商务部对外直接投资统计公报（2003—2012）
自变量	SCR	东道国主权信用评级	标准普尔官方网站（2014）
	GDPP	东道国人均 GDP，反映对外直接投资市场寻求导向	世界银行数据库（2014）
	GGDP	东道国 GDP 增速，反映对外直接投资市场寻求导向	世界银行数据库（2014）
	FOMEX	东道国燃油及矿石能源出口在年度商品出口中的比例，反映对外直接投资自然资源寻求导向	根据世界银行数据库（2014）相关资料计算

续表

变量类型	变量名称	含义	数据来源
	PATENT	东道国(包括居民以及非居民)年度专利注册量,反映对外直接投资战略性资源寻求导向	世界知识产权组织数据库(2014)
	OPEN-NESS	东道国贸易进出口值与其年度 GDP 之比,反映东道国贸易开放度	根据世界银行数据库(2014)相关资料计算

注:所有货币类数值均转换为 2000 年常量美元,单位为万美元。

表 7.2   **变量描述统计及相关性分析**

	N	均值	标准差	CDI	SCR	GDPP	GGDP	FOMEX	PATENT	OPEN-NESS
CDI	420			1.0000						
SCR	420	7.0854	4.9776	0.1118	1.0000					
GDPP	420	1.1714	1.2345	0.1215	-0.7351	1.0000				
GGDP	420	3.5617	3.9680	-0.0166	0.3143	-0.2831	1.0000			
FOMEX	420	18.6610	18.8415	-0.0323	0.2408	-0.2088	0.1702	1.0000		
PATENT	420	7144.6024		-0.0050	-0.1456	0.2114	-0.0901	-0.0697	1.0000	
OPEN-NESS	420	102.9098	76.2328	0.4267	-0.2440	0.2546	0.1102	-0.2051	-0.1326	1.0000

2. 动态面板回归模型设计

考虑到中国对外直接投资的路径依赖特征，及其对主权信用评级反应的滞后性，建构如下动态面板数据模型：

$$CDI_{i,t} = u_i + \beta_1 CDI_{i,t-1} + \beta_2 SCR_{i,t-1} + \sum_{k=1}^{n} \gamma_k EC_{i,t}^k + \varepsilon_{i,t}$$

$$(7-10)$$

其中，$CDI_{i,t}$ 表示中国对东道国 i 第 t 年的直接投资，$SCR_{i,t-1}$ 表示东道国 i 第 $t-1$ 年主权信用评级，EC 表示控制变量。

由于存在滞后项，因此首先需要确定中国对外直接投资数据是否平稳，以免出现伪回归问题。表7.3为中国对外直接投资数据的单位根检验。结果表明，数据平稳，即不存在普通单位根也不存在个体单位根。

表7.3　　　　　　　中国对外直接投资数据的单位根检验

	中国对外直接投资
Levin, Lin and Chu's test H_0:存在普通单位根	-34.091^{**}
ADF Fisher Chi-Sq test H_0:存在个体单位根	345.329^*

注：＊＊和＊分别代表5%和10%的水平下显著。

（二）实证结果及分析

表7.4展示发达与发展中两类东道国主权信用评级分别影响当地中国直接投资流入的动态面板数据回归结果。

表 7.4　　　　中国直接投资对发达/发展中东道国主权
信用评级的动态面板回归结果

	中国对外直接投资	
	（1）发达东道国	（2）发展中东道国
CDI（−1）	1.1193***	1.1067***
SCR（−1）	−2213.621**	1242.7986
GDPP	−530.1004	−11905.2022***
GGDP	1008.0402	−5791.282
FOMEX	24.2754	496.16903**
PATENT	1.4458*	0.0939
OPENNESS	153.6606**	1184.7706***
Adjusted R^2	0.6066	0.8615
N	180	198

注：***、** 和 * 分别代表 1%、5% 和 10% 的水平下显著。

回归 1 与回归 2 中，直接投资滞后项回归系数的显著性以及较高的调整后拟合优度，说明变量选取与动态面板模型设定比较合理。

回归 1 中 PATENT 项回归系数显著为正，表明中国在发达国家直接投资为创造性资源寻求型。并且，回归 1 中 SCR（−1）回归系数显著为负，表明主权信用评级下降的发达国家更吸引中国资本，证实了本书的假设 H7.1。

主权信用评级下降的发达国家的情况，以及中国跨国公司自身的特点，都是中国资本选择"抄底"的重要原因。一方面，如之前经验分析显示，此时的发达东道国面临国际资本流失，大量跨国公司剥离当地业务，一些优质资产价格处于较低水平；政府与社会也因面临经济衰退的压力，对外来并购与投资的排斥心理有所减轻，对引入投资的产业范围和投资主体的审查均有所放宽，这些都扩大了中国在当地投资的空间。另一方面，如制度分析显示，中国跨国公司以国企为主力，以自有资金和国内银行政策性贷款进行海外投资，国际融资和东道国筹资比例很低，资本筹措能力较少受东道国及其区域内经济波动影响；同时又有向发达经济体寻求知名品牌、先进技术、研发能力、管理经验和营销网络等重要战略资产以满足国内技术创新、产业升级的迫切需求，因而加大了在发达债务国并购和股权投资规模。

回归2中FOMEX项系数显著为正，表明中国在发展中国家直接投资为典型自然资源寻求型。并且，人均GDP越低的发展中国家越吸引中国投资。较低的人均GDP意味着较低的工资与收入水平，所以这一方面表明中国制造的大规模标准化工业产品和基础设施建设等服务的供给适应当地市场需求；另一方面也说明中国在发展中地区的直接投资有转移国内低端制造业和服务业的目的。

但回归2中SCR（-1）项回归系数为负，说明发展中国家主权信用评级降低还是阻碍了中国企业的脚步，虽然影响并不显著。因此，本书假设H7.2并没有得到支持。这说明，在发展中国家的中国跨国公司，虽然身负获取自然资源与转移产业的战略目标，但同时具有追求企业利润最大化的动机。中国企业注意规避主权违约概率上升的发展中东道国，避免投资受到东道国征用与经济环境恶化的侵害，跨国运营表现越来越正常化。至少在东道国主权信用领域，指责我国是借助国家经济、政治及外交力量为国有资本攫取自然资源开道的"贪婪的龙"不符合事实。

（三）对策与建议

上述实证分析表明，近年来我国直接投资确实青睐主权违约风险增高的发达国家及地区。但整体来看，截至 2012 年年底，中国在发达地区直接投资存量仅占当地 FDI 存量的 0.49%。因此，当地中国企业的市场寻求型和战略资产寻求型直接投资在未来仍有巨大增长空间。

该地区的主权违约因结构性矛盾产生，目前仍在持续酝酿和发酵，其解决将是个长期的过程。发达国家及地区主权违约背景下，我国政府和企业拓展在当地直接投资时，应结合发达国家主权违约对中国不同类型和特点的直接投资的不同影响来考虑。

（1）能源、采矿、金融、通信和高科技等行业的我国国有及国有控股企业应抓住机遇、实施并购。

随着主权违约在部分发达国家的蔓延，一些国家经济衰退，投资壁垒和门槛有所降低。受制于需求萎缩和信贷紧缩，许多欧洲企业资金运转陷入困境，面临产品销量下降、拖欠供应商货款与员工薪资、利润率下降、经营亏损甚至破产的局面，资产价格缩水。这对于需要自然资源、能源等原料投入以及高科技等行业核心战略资产来完成国内经济增长与结构调整的中国企业来说是良好的海外并购机遇。因此资本力量雄厚、富于海外并购经验且风险抵御能力较强的能源、采矿、金融、通信和高科技等行业的中国国有及国有控股企业应抓住投资良机，加快在发达地区直接投资和经营的步伐。

但发达国家主权违约的水究竟有多深，尚待观察。中国优势企业"抄底"式并购应注重立足自身优势，突出主业、实业，谨慎选择目标产业与合作对象，把握机会更须严防风险。一则，因为陷入困境的一些企业资产状况不透明，泡沫是否完全被挤出不得而知，目标企业的资产缩水与负债情况、现金流等需要彻查；二来，基于国家利益和股东利益的考虑，发达国家也有可能不会把优质资产卖给中国企业，因此目标资产的真正价值需要科学和理性的评估；三是，由于制度、社会环境和价值观念的差异，中国企业加快当地投资步伐时，还需注意可能存在的其他风险，如企业文化冲突、主要经营者和员工的抵触情绪等。

（2）投资规模小、产品针对当地市场且缺乏核心战略资产的我国制造业和批发零售业民营企业可以考虑改换投资时机或地区

虽然制造和批发零售行业企业从投资存量上看只占中国在发达地区直接投资存量的不到1/3，但它们却占到了当地中国企业数量的七成以上。这部分企业平均投资规模小、相对缺乏资金、技术和品牌优势，依赖当地市场环境，因此在违约国市场疲软、经济低迷和东道国政府实施隐性利润侵占的双重夹击之下，普遍面临经营危机和财务风险。对它们而言，比较现实的选择，一是及时调整国际化战略、改换在发达地区的投资时机；或者是考虑在其他新兴经济体和发展中国家的投资经营机会。对已经付出前期沉没成本的企业来说，当然也有从债务国当地居民和企业收紧腰包、减少消费时寻找制造、销售物美价廉产品的商机。

而中国政府能否及时提供关于东道国税收政策、市场状况和行业机会变动的投资信息，以及能否通过及时提供优惠贷款和政策性投资保险、减免税收等方式，来帮助减轻我国制造业和批发零售业的民营企业在海外市场的压力，对这部分企业能否度过危机至关重要。

(3) 中国企业对外直接投资时应多元化资本来源，选择风险分担的进入模式

化解风险、创造机遇的关键是持有企业层面、不易被异化的战略资产，如特殊的管理技巧、知名品牌或关键技术专利，这是我国企业加大向发达国家逆向投资的战略目标之一，是中国跨国公司长期努力的方向。

借鉴国际经验，企业短期内可以实现的风险规避首先是多元化对外直接投资资本来源。如借助国内外金融资本和产业资本的力量实施联合收购，既可降低投资成本与风险，也可帮助减少目标企业及其所在地区内各利益团体对中国资本大举强势介入的顾虑。此外，中国企业也可考虑，除跨国并购和建立独资公司等一次到位的进入方式以外的其他方式，逐步进入发达市场，如与当地企业合资经营或渐进式股份收购等。

五　本章小结

本章的主要工作，一是分析中国在发达国家直接投资的现状与特点，据此分析发达国家主权债务危机对当地中国直接投资的多重

影响；二是引入跨国公司及其母国为参与方，对违约国、跨国公司及其母国之间的博弈进行理论分析，探究母国制度对博弈结果的影响；三是基于中国制度视角，分析发达东道国主权信用评级对当地中国直接投资的影响，采用中国对外直接投资国际面板数据进行实证检验，并比较发达以及发展中两类东道国主权信用评级对中国直接投资的影响，最后就中国在当地债务危机时如何拓展与经营直接投资提出对策与建议。

本章的主要创新点是，综合采用经验分析、博弈分析、实证研究和比较分析等多种手段，完整而全面地考察了发达东道国主权违约对当地中国直接投资的影响，提出了解释中国对外直接投资行为应结合转型与发展背景下的中国制度特征进行分析的观点。而已有研究和本书之前的分析虽然建立了理解主权违约影响 FDI 的一般框架，但并未考虑不同母国制度环境下的 FDI 及其跨国公司具有不同的行为特征，因而不能直接应用于理解东道国主权违约与中国直接投资的关系。

本章的研究结论是：

第一，经验分析证实，2008 年后，中国企业确实对发达地区投资兴趣增加。尤其是以国有企业为主力的中国国企对发达国家第三产业投资近年来增长迅速、投资规模较大；在发生主权违约的发达国家，我国企业在当地并购增长迅速，创建投资也以独资为主。发达国家主权违约给中国直接投资带来风险的同时，也提供了多重机遇。

第二，理论分析表明，跨国公司并非只是东道国主权违约影响的被动接受方，现实中，违约东道国、跨国公司及其母国存在三方博弈。FDI 母国及时辨别政府干预并惩罚东道国的可能性，以及企业在短期内增加资本存量的可能性，对跨国公司能否在东道国违约时抵御风险继续经营起关键作用。而其中，母国国有控股与管理的跨国公司享有更多的源自母国的关注与庇护。

第三，对中国在 2003—2012 年对 42 个东道国直接投资的实证研究表明：（1）发达东道国主权信用下降反而吸引中国直接投资；（2）发展中东道国主权信用对中国直接投资影响不显著。

从母国制度视角出发，对此现象的解释是：与成熟市场经济体制的国家不同，中国处于市场经济体制发展初期，跨国公司以受到国内资源与政策倾斜的央企和国企为绝对主力，其直接投资在发达东道国承担获取创造性资源与优质资产，以实现国内经济转型与产业升级的战略任务。因此，中国跨国公司具有在发达违约国逆市而上的能力与意愿。但政府主导对外直接投资是一个阶段性制度安排，随着国内市场化进程的推进，中国企业跨国运营表现将越来越正常化。中国资本开始规避主权信用评级下降的发展中国家，就证明了这一点。

第八章　结论与展望

一　研究结论

主权国家也会对其外部债务违约，而且主权违约带来的后果远非一般个人或私人部门违约可比拟。一方面，违约意味着主权信用丧失，违约国政府可能以非市场方式干预境内经济活动，以期在短时间内增加财政收入；另一方面，近 40 年来每一次主权违约事件都带来银行破产、经济凋敝等连锁反应，引发严重的主权债务危机，不仅给违约国带来经济损失，还有可能使其丧失长期的甚至永久的经济发展先机。

外商直接投资作为经济全球化最重要的组成部分，在 20 世纪 60 年代开始高速增长。FDI 不仅给东道国带来相对稳定的资本流入，还具有给该国带来资本产出之外的收益的可能性，包括技术外溢、管理经验与营销技巧的转移、熟练劳动力和技术工人的培育以及工作岗位的创造等等。因此，研究东道国主权违约对外商直接投资的

影响，不管是对于国际直接投资者还是东道国而言，都具有重大的
经济价值。

因此，本书通过回顾主权违约历史与研究历程，尤其是主权违
约影响外商直接投资的时间与渠道演变线索，将东道国主权违约对
FDI 的影响分为：以政府征用方式实施的直接影响和通过主权债务
危机传导的间接影响。下面分别就这两方面的研究以及对中国直接
投资所受影响的案例研究，总结全文的主要结论与创新点，并提出
研究展望。

（一）以违约国政府征用直接影响外商直接投资的研究结论

一国对外部债务的违约与对 FDI 的征用，是两种密切联系而又
相互区别的主权背约行为。20 世纪 80 年代起，一些经济学家在研究
主权违约时，发现了部分违约国同时征用 FDI 的事实，并对二者进
行了比对分析，但始终并未辨明违约国干预 FDI 的关键规律。

本书通过主权违约与征用的成本收益分析，东道国引资与偿付
理论模型构建并求解，以及现实数据搜集、分析与实证检验，尝试
回答一个关键问题——为何有些违约国会对境内 FDI 实施征用，违
约与征用二者同时发生的条件是什么？

本部分的研究结论是：

第一，通过考察简化的、纯粹形式的外部借贷协议与外商股权
投资协议，本书认为，违约更可能发生在一国经济衰退时，政府违
约的短期收益是当下截留的外债本息，长期收益是从违约当下至未
来的全部本金及利息；征用与一国经济状况之间的关系，取决于东
道国对"绝望"与"机会主义"两种诱导力量的衡量，政府征用的

短期收益是 FDI 项目所有权与当下的回报，长期收益是该项目从今往后的全部收益。但是，若仅有投资者才能掌握且需要反复投入的关键生产要素在 FDI 项目中占比较大，那么东道国征用后所获收益将显著降低。此外，一国违约与征用的主要成本是未来难以吸引外资的，同时还可能面临军事干预等直接制裁。

第二，通过建立与赋值求解外债与 FDI 联立的东道国引资与偿付模型，本书发现：（1）当东道国决策者风险规避程度较高时，经济状况恶化会引发主权违约及 FDI 征用；在狭义对称奖赏的假设下（即债务违约与 FDI 征用两种行为彼此都不对另一种投资者关系产生外溢效应时），也只有较高风险规避的决策者才会违约并征用，尤其是在两类奖赏幅度均下降时二者更为多发。（2）如果现实世界符合广义对称奖赏假设（即东道国实施一种背约对该国与其他所有国际投资者关系都有负面溢出效应），那么不论东道国经济状况如何，主权违约总是预示着该国政府也即将实施 FDI 征用。

第三，通过建立和分析 1929—2012 年的债务国与 FDI 引资国数据库，分析主权违约并征用的国家行为特征，本书发现，经济恶化确实易导致政府选择对外债违约；现实中大部分国家持风险中性态度，在经济繁荣时，出于机会主义征用外商直接投资资产；并且，现实世界更接近于狭义对称奖赏假设的情况。

第四，通过提出假设并实证检验，本书发现：（1）如果一国爆发政治革命并导致政治结构剧变，或者是（2）实际 GDP 增速下降或国际收支差额占 GDP 百分比下降而引发政治危机，那么该国主权违约后实施征用的概率将显著增加。此外，20 世纪六七十年代特殊的时代因素也是促成违约国征用的重要影响因素，因此即使符合上述政治革命假设与政治风险的条件假设，在 20 世纪后半期，违约国直接征用 FDI 的事件还是越来越少见了。

第五，通过对东道国引资与偿债模型施加约束，并赋值求解，本书研究了最优自我实施投资协议，初步确立了可以在最大程度上保证东道国遵守引资协议的投资协议要素，即应纳入更多与东道国的风险共同承担部分于 FDI 协议之中。经济繁荣时，国家的履约奖赏占产出份额可以不断下降；在经济恶化时，国家获得的履约奖赏份额则必须是上升的，此时更大的奖赏才能够防止出现主权违约与征用，也可以保障东道国平滑消费，应付产出波动。

（二）通过主权债务危机间接影响外商直接投资的研究结论

已有研究意识到主权违约会通过引发主权债务危机，影响境内正在运营中的 FDI 企业（即跨国公司）和 FDI 的流入，并为此积累了不少案例研究和描述性研究。但现有研究提供的答案并不能为理解主权债务危机究竟通过哪些渠道、如何影响 FDI 提供一个命题框架。

本书通过对主权债务危机影响 FDI 的机理分析、经验分析与实证研究，构建了主权债务危机影响 FDI 的分析框架。

本部分的研究结论是：

第一，通过对主权债务危机影响外商直接投资的机理进行具体研究，本书认为，主权债务危机主要通过金融市场渠道、金融机构渠道、实体经济渠道、东道国政策渠道、贸易渠道和预期渠道的六种机制影响 FDI。这六种机制相互作用，最终将东道国主权债务危机的影响传导和扩散至 FDI 流动与 FDI 企业的运营。

具体来说，东道国主权债务危机将对不同时点（FDI 选择要不要进入东道国时/选择进入东道国的方式时/正在东道国运营中）、不同类型（水平型 FDI/垂直型 FDI）、不同融资渠道、不同投资主体、不同本地化（或国际化）程度、不同投资目的（市场寻求型 FDI/自然资源寻求型/效率寻求型 FDI/创造性资源寻求型 FDI 等）以及在不同产业和行业部门运营的 FDI，产生各不相同的复杂影响。

第二，通过 20 世纪两次典型的主权债务危机对当时 FDI 的流动与运营的影响进行经验分析，本书发现：

（1）20 世纪 80 年代开始，主权违约开始伴随银行业危机、恶性通货膨胀、内债违约和产出崩溃等事件，以主权债务危机形式严重威胁危机国以及地区内经济发展。

（2）拉丁美洲主权债务危机造成 20 世纪 80 年代整个区域内持续的 FDI 流入减缓，而此时正是 FDI 在全球其他地区繁荣发展的年代。但与债务危机期间波动性巨大的商业银行贷款相比，FDI 还是表现更为稳定。

（3）1994—1995 年墨西哥主权债务危机期间，从 FDI 流入结构来看，当期利润再投资和其他类型（包括公司内部金融、出口加工组装企业固定资本设备的进口等）FDI 流入减少，新增股本投资增长；从 FDI 的目标产业来看，第三产业的 FDI 降幅较大，第一产业和第二产业的 FDI 降幅相对较小；从来源国来看，源自发达国家的 FDI 降幅不大，源自发展中国家的 FDI 降幅非常大。这说明，危机确实给部分跨国公司带来增持资产的机会，但处于市场需求弹性较大的行业的 FDI 企业还是会受到较多负面影响，而源自发达国家的跨国公司风险抵御能力还是更强一些。

（4）就墨西哥主权债务危机对境内跨国公司的影响来看，整体而言，跨国公司工资与薪酬以及附加值水平均小幅下挫，但均保持了出口持续增长。具体分析，源自其第一大 FDI 来源国——美国的 FDI 流入并未减少，但仍有部分美国跨国公司撤资、退出营运或直接关闭了企业。包括美国、德国在内的跨国公司在墨西哥雇用员工数目也均略有下降，但美国公司资产额、销售额与税前利润恢复迅速，危机后增长速度远远超过德国与日本公司。值得注意的是债务危机期间，墨西哥境内跨国公司进口增长速度比出口增速快。对此情况的解释，不排除跨国公司为抵御危机国增税增收而实施了进口的转移定价等策略。

第三，通过实证检验 1995—2008 年，42 个新兴经济体的标准普尔主权信用评级变动对 FDI 流动的不对称影响，并与其他形式国际资本流动所受影响进行比较分析，本书发现，主权信用评级下调显著负面冲击 FDI，但评级上调对 FDI 并无显著效应。具体来说，一国主权信用评级下调 1 级，会导致 FDI 净流出 25.59 亿美元；以 1997—1998 年亚洲金融危机中，危机国主权评级平均被依序调低 4 级的情况为例，这意味着危机国平均出现了 102.36 亿美元的 FDI 净流出。此外，FDI 对主权信用评级下调的反应比其他形式的国际资本的反应更为强烈。

（三）发达东道国主权违约影响当地中国直接投资的研究结论

从 2009 年起，主权债务危机自"二战"结束以来第一次在发达国家群体内成规模地爆发。而 21 世纪初才开始崛起的新的资本输出大国——中国，却加大了在发达债务危机国的直接投资力度，这引起了国内外广泛关注。

　　已有研究和本书之前的工作建立了分析东道国主权违约影响FDI的一般框架，但并未考虑不同母国制度环境下的跨国公司及其母国具有的不同行为动机与特征，因而不能直接应用于理解发达东道国主权违约对中国直接投资的影响。

　　本书首先结合中国在发达国家直接投资的现状与特点，分析发达国家主权违约对当地中国直接投资的多重影响；其次，引入跨国公司及其母国为参与方，对违约国与跨国公司及其母国之间的博弈进行理论分析，提出国有企业享有更多的源自母国的关注与庇护，因而具有更强的抵御东道国主权违约风险并从中把握机会的能力；最后，基于中国制度视角，提出东道国主权信用评级对当地中国直接投资影响结果的研究假设，采用中国在2003—2012年对42个东道国直接投资的国际面板数据进行实证检验，比较发达以及发展中两类东道国主权信用评级对中国直接投资的影响，并就中国如何在发达违约国拓展与经营FDI提出对策与建议。

　　本部分的研究结论是：

　　第一，经验研究表明：（1）2008年后，中国企业对发达国家投资兴趣增加。以国有企业为主力，我国企业对发达国家第三产业投资近年增长迅速、投资规模较大；对发达国家制造业整体投资水平也较高，但以单个投资规模较小的民营企业为主。发达国家群体违约爆发后，我国在当地并购投资增长迅速，创建投资也以独资为主。（2）发达国家违约，对我国部分并购经验丰富、拥有巨额资本的自然资源、能源和高科技等行业企业以及风险承受能力相对较强的国有及国有控股企业而言，是加快海外扩张的机遇。但整体来看，因缺乏核心战略资产，我国企业抵御违约负面影响的能力还是较低，尤其是在需求震荡强烈的第三产业投资的企业风险敞口较大，一大批针对当地市场的我国制造、批零行业的民营企业也将遭遇经营困难。

第二，博弈分析与理论分析表明，母国对东道国的可能惩罚以及企业在短期内增加资本存量的能力，是 FDI 企业抵御东道国违约负面影响（包括征用和主权债务危机形式）的关键。那么，享有更多政策倾斜的国有企业会拥有更多的母国关注与庇护，而市场与非市场动机兼具也使得国有企业在短期内增加资本投入的可能性也高于其他企业。考虑到中国的制度环境、转型与发展动机，以及制度因素导致的对外直接投资主体结构（以大规模投资的央企和省级国企为主力），本书提出了中国直接投资不畏惧东道国主权违约影响的研究假设。

第三，实证研究表明：（1）发达东道国主权信用评级下降吸引中国直接投资；（2）发展中东道国主权信用评级对中国直接投资影响不显著。从制度视角出发，对此现象的解释是：与成熟市场经济体制的国家不同，中国处于市场经济体制发展初期，跨国公司以受到国内资源与政策倾斜的央企和国企为绝对主力，其直接投资在发达东道国承担获取创造性资源与优质资产，以实现国内经济转型与产业升级的战略任务。因此，中国公司具有在发达债务国逆市而上的能力与意愿。但政府主导对外直接投资是一个阶段性制度安排，随着国内市场化进程的推进，中国企业跨国运营表现将越来越正常化。中国资本开始规避主权信用评级下降的发展中国家，就证明了这一点。未来中国企业直接投资应多元化资本来源，选择风险分担形式的进入模式，合理规避东道国主权违约风险。

二 主要创新点

综合来看，对于"东道国主权违约对外商直接投资的影响"这一命题，无论是国外还是国内学界，都缺少跨学科视角与时间维度的全面审视，尤其缺乏基于理论研究同时又融入实际数据调查与实证检验的系统研究。因此，本书主要有如下创新点。

（1）在已有的东道国举债模型和引入 FDI 模型基础上，创建联立举债和引入 FDI 两种行为的东道国引资与偿付模型，并据此模型推导出违约国政府征用 FDI 的理论条件。

相比已有研究只进行到将国家对外债违约和对 FDI 征用两种背约行为对照和对比研究的程度（如比较两种行为的成本收益，对照建立二者的政府决策模型），本书假设政府引入 FDI 后举债，再依序决定是否偿还债务和是否回报 FDI，建立了东道国引资与偿付的联立模型。接下来，以效用最大化为东道国政府决策标准，就四种可能的结果（违约且征用、违约但回报、偿债但征用、偿债且回报）逆向归纳，以网格搜索法而非通常的迭代法更便捷地求解模型，推导政府违约且征用的理论条件。最后，通过给变量赋值求得数值解，并制图以更清晰地观察变量赋值与函数解之间的映射关系。

（2）搜集与统计 1929—2010 年，违约与征用的国家名单及其行为时段，这项工作覆盖了大半个 20 世纪，超过了目前所有已知研究的考察时段。

在数据库建立的基础上，本书另一创新是，观察与辨析其中 68

个国家 93 次违约并征用的时段与行为特征，提出政治革命型违约与征用、政治风险型违约与征用两个假设，以面板数据 Probit 模型检验。最后，根据经过验证的现实条件修正并补充据理论模型推导的理论条件，得出违约国征用 FDI 发生条件的最终结论。

（3）以国际直接投资理论为基础，结合金融危机形成与传导理论与新国际贸易理论相关原理的应用，详尽分析主权债务危机通过金融市场、金融机构、实体经济、东道国政策、贸易和预期六种渠道作用于不同类型 FDI 的传导机理，全面考察了东道国主权债务危机对不同时点、不同类型、不同融资渠道、不同投资主体、不同本地化（或国际化）程度、不同投资目的以及在不同产业和行业部门运营 FDI 的各不相同的复杂影响。

这项工作填补了理解主权债务危机作用于 FDI 分析框架的缺失，是对已有的众多经验分析与描述研究的归纳与规律提炼。

（4）以国际直接投资理论为基础，结合新制度经济学理论中企业制度需求与供给学说以及发展经济学理论的相关原理，综合运用经验分析、博弈分析与实证研究方法，系统解答中国直接投资为何在爆发违约的发达东道国加大投资力度的疑问。

对现实世界的经验分析表明，发达国家主权违约中确实蕴含着吸引中国直接投资的机遇，如资产价格下跌、本币贬值、东道国因渴求资金而对 FDI 审查放松，以及部分行业实施私有化计划等。博弈分析进一步说明，中国政府及时辨别违约国政府干预并惩罚东道国的可能性，以及中国国有企业在短期内增加资本存量的能力，对中国国企在东道国违约时抵御风险、继续经营起关键作用。最后实证分析证实，主权信用评级下降的发达东道国反而吸引中国直接投资。

通过层层递进、逻辑衔接的分析，本书得出结论，中国转型与发展的制度背景导致的对外直接投资主体结构特征，以及中国国内制度对中国跨国公司"走出去"动机与能力的影响，是解释这一疑问的关键。

三 研究展望

"东道国主权违约对外商直接投资的影响"这一命题其实可以做得非常精深和博大。该问题涉及宏观与微观两个层次，横跨经济学、金融学、国际商务与政治学等多个学科。本书目前的工作只是就主权违约影响 FDI 的两条已有研究线索的进一步加深，尤其是完善其中已有研究未完成的关键链接部分。其实该命题中还存在大量更间接的、迂回的甚至是双向互动的线索值得发掘与研究。

除此以外，就本研究已涉及的内容来看，第一个值得继续研究的问题是：违约国针对 FDI 外资身份实施的隐性的"缓进征用"或者说间接征用。曾在 20 世纪六七十年代引发国家违约并直接征用 FDI 的时代潮流已经是历史，目前大部分新兴市场经济体正努力打造更成熟的市场经济体制以及更完善的市场法规，发生直接征用事件的概率将越来越低。违约国政府以"缓进征用"负面影响 FDI 投资回报的情况将更为频发，比如，针对性的税则变化、增收特定进出口税或其他增加投资者负担，但不涉及企业控制权转移的要价行为。但目前仅有个别学者在研究中简单涉及此类行为。因此，对"缓进征用"问题的研究，是现实世界为研究者提出的新问题与新要求。

第二，虽然对外直接投资从根本上是企业层面的行为，但因为中国特殊的发展与转型背景的关系，中国是非常值得从政策层面与制度视角进行分析的案例。已有的研究，包括本书的工作，都是对中国对外直接投资行为外在表现的研究。究竟制度因素如何影响中国国家层面以及企业层面的对外直接投资仍是个尚未充分探究的"黑箱"。这项工作需要借助新制度经济学理论与发展经济学理论等相关学说，做更多的跨学科分析与交叉研究。

参考文献

［1］ Agarwal J. P. , Gubitz A. & Nunnenkamp P. , "Foreign Direct Investment in Developing Countries: The case of Germany", *Kieler Studien*, Vol. 238, 1991.

［2］ Agarwal J. P. &Feils D. J. , "A Comparative Study of Political Risk in Export and Foreign Direct Investment: the Case of Canadian Firms", in *Proceedings of the* 2000 *Academy of Marketing Science*（*AMS*）*Annual Conference*, Springer International Publishing, 2015.

［3］ Agosin M. R. & Machado R. , "Openness and the International Allocation of Foreign Direct Investment", *Journal of Development Studies*, Vol. 43, No. 7, 2007.

［4］ Aguiar M. , Amador M. & Gopinath G. , "Investment Cycles and Sovereign Debt Overhang", *Review of Economic Studies*, Vol. 76, 2009.

［5］ Albuquerque R. , "The Composition of International Capital Flows: Risk Sharing through Foreign Direct Investment", *Journal of International Economics*, Vol. 61, 2003.

［6］ Alfaro L. , Kalemli – Ozcan S. & Volsovych V. , "Why Doesn't Capital Flow from Rich to Poor Countries? An Empirical Investigation", *National Bereau of Economic Research (NBER) Working Paper*, No. 11901, 2005.

［7］ Amighini A. , Rabellotti R. & Sanfilippo M. , "China Outward FDI: an Industry – level Anlysis of Host Country Determinants", *Venice Summer Institute, CESifo*, 2011.

［8］ Antkiewicz A. & Whalley J. , "Recent Chinese Buyout Activity and the Implications for Global Architecture", *National Bureau of Economic Research (NBER) Working Paper*, No. 12072, 2006.

［9］ Arteta C. & Hale G. , "Sovereign Debt Crises and Credit to the Private Sector," *Journal of International Economics*, Vol. 74, 2008.

［10］ Asiedu, E. , "Foreign Direct Investment in Africa: The Role of Natural Resources, Market Size, Government Policy, Institutions and Political Instablility", retrieved from http: //www. people. ku. edu/ ~ asiedu/world – economy. pdf, 2005.

［11］ Auclert A. & Rognlie M. , "Unique Equilibrium in the Eaton – Gersovitz Model of Sovereign Debt", *Social Science Electronic Publishing*, 2015.

［12］ Balasubramanyam V. N. , "Foreign Direct Investment in Developing Countries: Determinants and Impact", *Paper Presented at the OECD Global Forum on International Investment New Horizons and Policy Challenges for Foreign Direct Investment in the 21st Century*, 2001.

［13］ Balkan E. , Gül Biçer F. & Erinç Yeldan A. , "Patterns of

Financial Capital Flows and Accumulation in the Post – 1990 Turkish E-conomy", *Paper Presented at the International Development Economics Associaes (IDEAs) Session at METU International Conference on Economics*, VI, 2002.

[14] Bertoni Fabio, Elia Stefano & Rabbiosi Larissa. , "Drivers of Acquisitions from BRICs to Advanced Countries: Firm – level Evidence", 2010, http: //gdex. dk/ofdi/32% 20Bertoni% 20Fabio. pdf.

[15] Beugelsdijk S. , Smeets R. & Zwinkels R. , "The Impacts of Horizontal and Vertical FDI on Host's Country Economic Growth", *International Business Review*, Vol. 17, 2008.

[16] Beule F. D. & Bulcke D. V. , "Global Crisis, Foreign Direct Investment and China", *Brussels Institute of Contemporary China Studies (BICCS) Asia Papaer*, Vol. 5, No. 6, 2010.

[17] Beule F. D. & Bulcke V. D. , "Locational Determinants of Outward Foreign Direct Investment: An Analysis of Chinese and Indian Greenfield Investments ", *Transnational Corporations*, Vol. 21, No. 1, 2012.

[18] Bevan A. A. & Estrin S. , "The Determinants of Foreign Direct Investment in Transition Economies ", *William Davidson Institute Working Paper*, No. 342, 2000.

[19] Bew R. , "Prepare for Opportunity", a talk on Hyperglobalisation and Chinese M&A. Shanghai, 2012.

[20] Biglaiser G. , Hicks B. & Huggins C. , "Sovereign Bond Ratings and the Democratic Advantage : Portfolio Investment in the Develo-

ping World", *Comparative Political Studies*, Vol. 41, No. 8, 2008.

[21] Bosworth B. , Collins S. M. &Chodorow – Reich G. , "Returns on FDI: Does the U. S. Really Do Better?" *NBER Working Paper*, 13313, 2007.

[22] Broner F. , Martin A. & Ventura J. , "Sovereign Risk and Secondary Markets", *American Economic Review*, Vol. 100, 2010.

[23] Brooks R. , Faff R. , Hillier D. & Hillierd J. , "The National Market Impact of Sovereign Rating Changes", *Journal of Banking & Finance*, Vol. 28, No. 1, 2004.

[24] Boisot M. & Meyer M. , "Which Way through the Open Door? Reflections on the Internationalization of Chinese Firms", *Management and Organization Review*, Vol. 14, No. 3, 2008.

[25] Buckley P. J. , Clegg J. , Cross A. R. , Liu X. , Voss H. & Zheng P. , "The Determinants of Chinese Outward Foreign Direct Investment", *Journal of International Business Studies*, Vol. 38, No. 4, 2007.

[26] Busse M. & Groizard J. L. , "Foreign Direct Investment, Regulations, and Growth", *World Bank Policy Research Working Paper*, 3882, 2006.

[27] Cantor R. & Packer F. , "Sovereign Credit Ratings", *Current Issues in Economic & Finance*, Vol. 1, No. 4, 1996a.

[28] Cantor R. & Packer F. , "Determinants and Impact of Sovereign Credit Rating", *FRBNY Economic Policy Review*, 1996b.

[29] Cantor R. & Packer F. , "Differences of Opinion and Selection in the Credit RatingIndustry", *IEEE Conference on Decision & Control*,

Vol. 2, No. 12, 1997.

［30］ Chakrabarti A., "The Determinnants of Foreign Direct Investment: Sensitivity Analyses of Cross – country Regression", *Kyklos*, Vol. 54, No. 1, 2001.

［31］ Cheng S. &Stough R. R., "The Pattern and Magnitude of China's Outward FDI in Asia", retrieved from International Development Research Center (IDRC), http://hdl. handle. net/10625/48234, 2007.

［32］ Cheung Y. W. & Qian X., "Empirics of China's Outward Direct Investment," *Pacific Economic Review*, Vol. 14, No. 3, 2009.

［33］ Cheung Y. W., Haan J. d., Qian X. & Yu S., "China's Outward Direct Investment in Africa", *Hong Kong Institute for Monetary Research (HKIMR) Working Paper*, No. 13, 2011.

［34］ Chorell H. & Nilsson E., *Chinese FDI in the Oil Sector—Can They be Explained by the Prevalent Theory on FDI*?, DoctoralThesis, Uppsala University, Department of Economics, 2005.

［35］ Claes D. H. & Hveem H., "Emerging National Oil Companies—Challengers or Partners?" paper presented at the Panel Non – triad Multinational Companies: Trajectories and Challenges of the 50th Annual Convention of the International Studies Association: Exploring the Past, Anticipating the Future, 2009.

［36］ Claessen & Embrechts, "Modelling a Ratings Crisis", retrieved from http://www. econ. mq. edu. au/staff/djjuttner/SOVEIG2. pdf, 2003.

［37］ Clark E., "Foreign Direct Investment: The Incetive to Expropriate and the Cost of Expropriation Risk", in *Numerical Methods in Finance*, US: *Springer*, 2005.

[38] Claessens S. & Embrechts G., "Basel II, Sovereign Ratings and Transfer Risk", Paper Presented at the Conference *Basel II: An Economic Assessment*, *Bank for International Settlement*, 2002.

[39] Click R. W., "Financial and Political Risks in US Direct Foreign Investment", *Journal of International Business Studies*, Vol. 36, No. 5, 2005.

[40] Cliftion J. & Díaz – Fuentes D., "Is the European Union Ready for Foreign Direct Investment from Emerging Markets?" Paper Presented at the Five Diamond International Conference Cycle *Thinking Outward: Players from Emerging Markets*, Vol. 4, 2008.

[41] Cui L. & Jiang F., "FDI Entry Mode Choice of Chinese Firms: A Strategic Behavior Perspective", *Journal of World Business*, Vol. 44, 2009.

[42] Das U. S., Oliva M. A. & Tsuda T., "Sovereign Risk: A Macro – Financial Perspective", *Public Policy Review*, Vol. 8, No. 3, 2012.

[43] Davies K., "Outward FDI from China and Its Policy Context," retrieved from Vale Columbia Center on Sustainable International Investment, http://www.vcc.columbia.edu/files/vale/documents/China_ OFDI_ final_ Oct_ 18. pdf, 2010.

[44] Davies K., "While Global FDI Falls, China's Outward FDI Doubles," retrieved from Vale Columbia Center on Sustainable Internation-

al Investment: http: //www. vcc. columbia. edu/files/vale/documents/Davies_ Profile − _ Final1. pdf, 2009.

[45] Deng P. , "Investing for Strategic Resources and Its Rationale: The Case of Outward FDI from Chinese Companies", *Business Horizons*, Vol. 50, 2007.

[46] Deng P. , "Why Do Chinese Firms Tend to Acquire Strategic Assets in International Expansion", *Journal of World Business*, Vol. 44, No. 1, 2009.

[47] Dunning J. H. , "Trade, Location of Economic Activity and the MNE: ASearch for a Eclectic Approach", in Ohlin B. , Hesselborn P. O. & Wijkman P. M. (eds.), *International Allocation of Economic Activity*, 1977.

[48] Dunning J. H. , "Comment on Dragon Multinationals: New Players in 21st Century Globalization", *Asia Pacific Journal of Management*, Vol. 23, 2006.

[49] Dunning J. H. , Kim Z. K. & Lee C. I. , "Restructuring the Regional Distribution of FDI: The Case of Japanese and US FDI", *Japan and the World Economy*, Vol. 19, 2007.

[50] Dunning J. H. , "Location and the Multinational Enterprise: ANeglected Factor?" *Journal of International Business Studies*, Vol. 29, No. 1, 2009.

[51] Eaton J. & Gersovitz M. , "Country Risk: Economic Aspects", *Managing International Risk*, 1983.

[52] Eaton J. & Gersovitz M. & Stiglitz J. E. , "A Theory of Expro-

priation and Deviations from Perfect Capital Mobility", *Economic Journal*, Vol. 94, No. 373, 1984.

[53] Eaton J. & Gersovitz M. & Stiglitz J. E. , "The Pure Theory of Country Risk", *European Economies Review*, Vol. 30, 1986.

[54] Eaton J. & Gersovitz M. , "Country Risk and the Organization of International Capital Transfer", *Journal of Biological Control*, Vol. 30, No. 2, 1987.

[55] Eaton J. & Gersovitz M. , "Some Curious Properties of a Familiar Model of Debt and Default", *Economic Letters*, Vol. 48, 1995.

[56] Erb C. B. , Harvey C. R. &Viskanta T. E. , "Political Risk, Economic Risk and Financial Risk", *Financial Analysts Journal*, 1996.

[57] Erb C. B. , Harvey C. R. &Viskanta T. E. , "New Perspective on Emerging Markets Bonds", *The Journal of Portfolio Management*, 1999.

[58] Feinberg S. E. & Gupta A. K. , "MNC Subsidiaries and Country Risk: Internalize as aSafeguard against Weak External Institutions", *Academy of Management Journal*, Vol. 52, No. 2, 2009.

[59] Ferri G. , Liu L. G. & Stiglitz J. E. , "The Procyclical Role of Rating Agencies: Evidence from the East Asian Crisis", *Econimic Notes*, Vol. 28, No. 3, 1999.

[60] Fuentes M. & Saravia D. , "Sovereign Defaulters: Do International Capital Markets Punish Them?" *Journal of Development Economics*, Vol. 91, 2010.

[61] Girma S. , Gong Y. & Görg H. , "Can You Teach Old Drag-

ons New Tricks? FDI and Innovation Activity in Chinese State – owned Enterprises", *Centre for Economic Policy Research* (*CEPR*) *Discussion Paper Series*, No. 5838, 2006.

[62] Globerman S. & Shapiro D., "Economic and Strategic Considerations Surrounding Chinese FDI in the United States", *Asia Pacific Journal of Management*, Vol. 26, 2009.

[63] Gugler P. & Boie B., "The Emergence of Chinese FDI: Determinants and Strategies of Chinese MNEs", *Paper Presented at the Conference of Emerging Multinationals: Outward Foreign Direct Investment from Emerging and Developing Economies*, 2008.

[64] Gruber A. & Kogler M., *Bank Risk, Sovereign Default, and Financial Stability*, Springer Fachmedien Wiesbaden, 2013.

[65] Hand J., Holthausen R. & Leftwich R., "The Effect of Bond Rating Agency Announcements on Bond and Stock Prices", *The Journal of Finance*, Vol. 157, 1992.

[66] Hallerberg M. & Wolff G. B., "Fiscal Institutions, Fiscal Policy and Sovereign Risk Premia in EMU", *Public Choice*, Vol. 136, 2008.

[67] Hajzler C., "Expropriation of Foereign Direct Investments: Sector Patterns from 1993 to 2006", *Review of World Economics*, Vol. 148, No. 1, 2012.

[68] Harms P., "The Evidence on International Investment and Political Risk", in *International Investment, Political Risk, and Growth*, US: Springer, 2000.

[69] Haugh D., Ollivaud P. & Turner D., "What Drives Sover-

eign Risk Premiums? An Analysis of Recent Evidence from the Euro Area", *OECD Economics Department Working Paper*, No. 718, 2009.

[70] Hausmann R. & Fernández – Arias E. , "Foreign Direct Investment: Good Cholesterol?" *Inter – American Development Bank Working Paper*, No. 417, 2000.

[71] He W. & Lyles M. A. , "China's Outward Foreign Direct Investment," *Business Horizons*, Vol. 51, 2008.

[72] Hejazi W. & Safarian A. , "The Complementarity Between U. S. Foreign Direct Investment Stock and Trade", *Atlantic Economic Journal*, Vol. 29, No. 4, 2001.

[73] Hoti S. , "Rating Risk Rating Systems", retrieved from http://www. mssanz. org. au/MODSIM03/Volume_ 03/B09/01_ Hoti_ Rating. pdf, 2001.

[74] Hoti S. & McAleer M. , "Country Risk Ratings: An International Comparison", retrieved from https://faculty. fuqua. duke. edu/ ~ charvey/Teaching/BA456_ 2006/Hoti_ Country_ risk_ ratings. pdf, 2002.

[75] Jime'nez A. , "Does Political Risk Affect the Scope of the Expansion Abroad? Evidence from Spanish MNEs", *International Business Review*, Vol. 19 , 2010.

[76] Johanson J. &Vahlne J. , "The Internationalization Process of the Firm", *Journal of International Business Studies*, Vol. 8, No. 1 , 1977.

[77] Jüttner D. J. & McCarthy J. , "Modelling ARating Crisis", *Mimeo*, Sydney: Macquarie University, 2000.

[78] Kaminsky G. & Schmukler S. , "What Triggers Market Jitters?" *Journal of Internatinal Money and Finance*, Vol. 18, 1999.

[79] Kaminsky G. & Schmukler S. , "Emerging Markets Instability: Do Sovereign Ratings Affect Country Risk and Stock Returns?" *World Bank Policy Research Working Paper*, No. 2678, 2001.

[80] Kandiero T. & Chitiga M. , "Trade Openness and Foreign Direct Investment in Africa", *ASJEMS NS*, Vol. 9, No. 3, 2006.

[81] Karmann A. & Maltritz D. , "Evaluation and Comparison of Market and Rating based Country Default Risk Assessment", *Frontiers in Finance and Economics*, Vol. 7, No. 1, 2010.

[82] Khattab A. A. , Aldehayyat J. & Stein W. , "Informing Country Risk Assessment in International Business", *International Journal of Business and Management*, Vol. 5, No. 7, 2010.

[83] Kim S. J. & Wu E. , "Sovereign Credit Rating, Capital Flows and Financial Sector Development in Emerging Markets", *Emerging Markets Review*, Vol. 9, No. 1, 2008.

[84] Knutsen C. H. , Rygh A. & Hveem H. , "Does State Ownership Matter? Institutions'Effect on Foreign Direct Investment Revisited", *Business and Politics*, Vol. 13, No. 1, 2011.

[85] Kobrin S. J. , "Foreign Enterprise and Forced Divestment in LDCs", *International Organization*, Vol. 34, No. 1, 1980.

[86] Kobrin S. J. , *Expropriation as an Attempt to Control Foreign Firms in LDCs: Trends from 1960 – 1979*, 1984a.

[87] Kobrin S. J. , *The Nationalisation of Oil Production, 1918 –*

1980，UK：Palgrave Macmillan，1984b.

［88］Kolstad I. & Villanger E. ，"Determinants of Foreign Direct Investment in Services"，*European Journal of Political Economy*，Vol. 24，2008.

［89］Kolstad I. & Wiig A. ，"Better the Devil You Know? Chinese Foreign Direct Investment in Africa"，*Journal of African Business*，Vol. 12，No. 1，2011.

［90］Kolstad I. & Wiig A. ，"What Determines Chinese Outward FDI?" *Journal of World Business*，Vol. 47，No. 1，2012.

［91］Krifa – Schneider H. & Matei I. ，"Business Climate，Political Risk and FDI in Developing Countries"，*International Journal of Economics and Finance*，Vol. 2，No. 5，2010.

［92］Krugman P. ，"Fire – Sale FDI," in S. Edwards，*Capital Flows and the Emerging Economies：Theory，Evidence，and Controversies*，University of Chicago Press，2000.

［93］Larrain B. F. & Tavares J. ，"Does Foreign Direct Investment Decrease Corruption?" *Cuadernos de Economia*，Vol. 41，2004.

［94］Larraín G. ，Reisen H. & Maltzan J. ，"Emerging Market Risk and Sovereign Credit Rating"，*OECD Development Centre Working Paper*，No. 124，1997.

［95］Liu X. ，Buck T. & Shu C. ，"Chinese Economic Development，the Next Stage：Outward FDI?" *International Business Review*，Vol. 14，2005.

［96］LópezIturriaga F. J. & Sanz I. P. ，"Sovereign Risk Analysis

Using Self – Organizing Maps: The European, Spanish and German Case", retrieved from http: //ssrn. com/abstract = 2131971 or http: //dx. doi. org/10. 2139/ssrn. 2131971, 2012.

[97] Loree D. W. & Guisinger S. E. , "Policy and Non – Policy Determinants of U. S. Equity Foreign Direct Investment", *Journal of International Business Studies*, Vol. 26, No. 2, 1995.

[98] Love J. H. &Lage – Hidalgo F. , "The Ownership Advantage in Latin American FDI: A Sectoral Study of US Direct Investment in Mexico", *Journal of Development Studies*, Vol. 35, No. 5, 1999.

[99] Luo Y. & Rui H. , "An Ambidexterity Perspective toward Multinational Enterprises from Emerging Economies", *Academy of Management Perspective*, Vol. 23, No. 4, 2009.

[100] Luo Y. , Xue Q. & Han B. , "How Emerging Market Governments Promote Outward FDI: Experience from China", *Journal of World Business*, Vol. 45, No. 1, 2010.

[101] Maronilla R. & Anderson K. D. , "The Changing Landscape of Global Sovereign Risk", *SSGA Capital Insights*, 2010.

[102] Mathews J. A. , "Competitive Advantage of the Latercomer Firm: A Resource – based Account of Industrial Catch – up Strategies", *Asia Pacific Journal of Management*, Vol. 19, 2002.

[103] Mathews J. A. , "Dragon Multinationals: New Players in 21st Century Globalization", *Asia Pacific Journal of Management*, Vol. 23, 2006.

[104] Mathews J. A. , "National Systems of Economic Learning:

The Case of Technology Diffusion Management in East Asia," *International Journal of Technology Management*, Vol. 22 , 2001.

[105] Mckinnon R. & Pill H. , "Credible Liberalisation and International Capital Flows: The Overborrowing Syndrome", in T. , Ito & A. Kureger (eds.), *Financial Regulation and Integration in East Asia*, Chicago: University of Chicago Press, 1996.

[106] Meldrum D. H. , "Country Risk and Foreign Direct Investment", retrieved from http://citeseerx. ist. psu. edu/viewdoc/download? doi = 10. 1. 1. 195. 9987&rep = rep1 &type = pdf, 2000.

[107] Milelli C. & Hay F. , "Characteristics and Impacts of the Arrival of Chinese and Indian Firms in Europe: First Evidence", a talk delivered at the Conference on *Emerging Multinationals: Outward Foreign Direct Investment from Emerging and Developing Economies*, 2008.

[108] Monfort B. & Mulder C. , "Using Credit Rating for Capital Requirements on Lending to Emerging Market Economies: Possible Impact of ANew Basel Accord", *International Monetary Fund (IMF) Working Paper*, No. 69, 2000.

[109] Mora N. , "Sovereign Credit Ratings: Guilty beyond Reasonable Doubt?" *American University of Beirut Lecture and Working Paper*, No. 1, 2005.

[110] Moran T. H. , "Foreign Acquisitions and National Security: What are Genuine Threats? What are Implausible Worries? —A Framework for OECD Countries, and Beyond", retrieved from Organisation of Economic Co − operation and Development, retrieved from OECD: ht-

tp：//www. oecd. org/investment/globalforum/44231367. pdf，2009.

[111] Moran T. H. ，"International Economics and National Security," *Foreign Affairs*，Vol. 69，No. 5，1990.

[112] Mudambi R. ，"The MNE Investment Location Decision：Some Empirical Evidence"，*Managerial and Decision Economics*，Vol. 16，No. 3，1995.

[113] Nagy P. J. ，*Country Risk：How to Assess，Quantify，and Monitor it*，London：Euromoney Publicaiton，1984.

[114] Nordal K. B. ，"Country Risk，Country Risk Indices and Valuation of FDI：AReal Options Approach"，*Emerging Markets Review*，Vol. 2，2001.

[115] Nunn N. ，"Relationship – specificity，Incomplete Contracts and the Pattern of Trade"，*Quarterly Journal of Economics*，Vol. 122，No. 2，2007.

[116] Packer F. ，"Mind the Gap：Domestic versus Foreign Currency Sovereign Rating"，*Bank for International Settlements（BIS）Quarterly Review*，2003.

[117] Park D. P. & Estrada G. B. ，"Developing Asia's Sovereign Wealth Funds，"*Asian Development Bank（ADB）Economics Working Paper*，No. 169，2009.

[118] Peng M. K. ，Wang D. Y. L. & Jiang Y. "An Institution – based View of International Business Strategy"，*Journal of International Business Studies*，Vol. 39，No. 2，2008.

[119] Pietrobelli C. ，Rabellotti R. & Sanfilippo M. ，"The Marco

Polo effect: Chinese FDI in Italy", *Chatham House IE Programme Paper*, No. 04, 2010.

[120] Prasad E. & Wei S. J. , "The Chinese Approach to Capital Inflows: Patterns and Possible Explanations", in S. Edwards, *Capital Controls and Capital Flows in Emerging Economies: Policies, Practices and Consequences*, Chicago: Universtiy of Chicago Press, 2007.

[121] Rabellotti R. & Sanfilippo M. , "Chinese FDI in Italy", a talk delievered at the Conference of *Emerging Multinationals: Outward Direct Investment from Emerging and Developing Economies*, 2008.

[122] Ratha D. , De P. & Mohapatra S. , "Shadow Sovereign Ratings for Unrated Developing Countries", *World Bank Policy Research Working Paper*, No. 4269, 2007.

[123] Reinhart C. M. , "Default, Currency Crises and Sovereign Credit Ratings", retrieved from National Bereau of Economic Research (NBER) Working Paper, http://www. nber. org/papers/w8738, 2002.

[124] Reinhart C. M. & Rogoff K. S. , "Serial Default and the Paradox of Rich to Poor Capital Flows", *National Bereau of Economic Research (NBER) Working Paper*, No. 10296, 2004a.

[125] Reinhart C. M. & Rogoff K. S. , "Serial Default and the Paradox of Rich – to – Poor Capital Flows", *American Economic Review*, Vol. 94, No. 2, 2004b.

[126] Reinhart C. M. , "This Time is Different Chartbook: Country Histories on Debt, Default, and Finanical Crisis", *National Bereau of Economic Research (NBER) Working Paper*, 2010.

[127] Reinhart C. M. & Rogoff K. S. , "From Financial Crash to Debt Crisis", *General Infromation*, Vol. 101, No. 5, 2011.

[128] Reinhart C. M. , "The Return of Financial Repression", *Financial Stability Review*, Vol. 16, 2012.

[129] *Release of the Fudan – VCC Ranking of Chinese Multinational Enterprises. Chinese Multinationals Make Steady Progres*, retrieved from Vale Columbia Center on Sustainable International Investment, http: //www. vcc. columbia. edu/files/vale/documents/RankingofChineseMultinationals – Final_ 2008. pdf, 2008.

[130] *Release of the Fudan – VCC Ranking of Chinese Multinational Enterprises. Second ranking Survey Finds Strong Growth in the Foreign Assets of Chinese Multinationals*, retrieved from Vale Columbia Center on Sustainable International Investment, http: //www. vcc. columbia. edu/files/vale/documents/EMGP – China – Report – 2009 – Final – 16Dec09. pdf, 2009.

[131] *Release of the Fudan – VCC Ranking of Chinese Multinational Enterprises. Chinese Multinationals Gain Further Momentum*, retrieved from Vale Columbia Center on Sustainable International Investment, http: //www. vcc. columbia. edu/files/vale/documents/EMGP – China – Report – 2010 – Final – 07_ Dec_ 10_ 0. pdf, 2010.

[132] Sandleris G. , "Sovereign Defaults: Information, Investment and Credit", *Journal of International Economics*, Vol. 76, 2008.

[133] Sanfilippo M. , "Chinese FDI to Africa: What is the Nexus with Foreign Economic Cooperation?" *African Development Review*, Vol. 22, 2010.

[134] Sauvant K. P. , "China: Inward and Outward Foreign Direct Investment", retrieved from http: //www. vcc. columbia. edu/files/vale/content/KPS_ in_ TNC. pdf, 2011.

[135] Schnitzer M. , "Debt v. Foreign Direct Investment: The Impact of Sovereign Risk on the Structure of International Capital Flows", *Economica*, Vol. 69, 2002.

[136] Sethi D. , Guisinger S. E. , Phelan S. E. & Berg D. M. , "Trends in Foreign Direct Investment Flows: A Theoretical and Empirical Analysis", *Journal of International Business Studies*, Vol. 34, No. 4, 2003.

[137] Smith R. C. & Walter I. , "Rating agencies: Is there an agency issue?" *New York University* (*NYU*) *Working Paper*, No. FIN – 01 – 003, 2001.

[138] The Economist Intelligence Unit, *China Going Global Investment Index: A Report from the Economist Intelligence Unit*, 2013.

[139] Vijayakumar J. , Rasheed A. A. & Tondkar R. , "Foreign Direct Investment and Evaluation of Country Risk: An Empirical Investigation", *The Multinational Business Review*, Vol. 17, No. 3, 2009.

[140] Wang Chenqi, Hong Junjie, Mario K. & Agyenim Boateng, "What Drives Outward of Chinese Firms? Testing the Explanatory Power of Three Theoretical Frameworks", *International Business Review*, Vol. 21, 2012.

[141] Wang Peijie, "Country Risk and Sovereign Risk Analysis", in Wang Peijie, *The Economics of Foreign Exchange and Global Finance*,

Berlin Heidelberg: Springer Verlag, 2009.

[142] Wells L. T. , *Third World Multinationals*, Cambridge, Massachusetts: The MIT Press, 1983.

[143] Wheeler D. &Mody A. , "International Investment Location Decisions: The Case of U. S. firms", *Journal of International Economics*, Vol. 33, 1992.

[144] Witt M. A. & Lewin A. Y. , "Outward Foreign Investment as Escape Response to Home Country Institutional Constraints", *Journal of International Business Studies*, Vol. 38, No. 4, 2007.

[145] Woo Y. P. & Zhang K. , *China Goes Global: The Implications of Chinese Outward Direct Investment for Canada*, in Survey of Outward Direct Investment intentions of Chinese companies, 2012.

[146] World Investment Report, *FDI from Developing and Transition Economies: Implications for Development*, New York and Geneva: United Nations, 2006.

[147] World Investment Report, *Non – Equity Modes of International Production and Development*, New York and Geneva: United Nations, 2011.

[148] World Investment Report, *Transnational Corporations, Agriculture Production and Development*, New York and Geneva: United Nations, 2009.

[149] World Investment Report, *Transnational Corporations, Extractive Industries and Development*, New York and Geneva: United Nations, 2007.

［150］ Yang D. , *Foreign Direct Investment from Developing Countries*：*A Case Study of China's Outward Investment*，retrieved from PhD thesis，Victoria University：http：//eprints. vu. edu. au/262/1/02whole. pdf，2003.

［151］白远：《中国企业对外直接投资风险论》，中国金融出版社 2012 年版。

［152］曹荣湘：《国家风险与主权评级：全球资本市场的评估与准入》，《经济社会体制比较》2003 年第 5 期。

［153］曹荣湘、朱全涛编著：《国家风险与主权评级》，社会科学文献出版社 2004 年版。

［154］陈凤娣：《谁将成为 21 世纪中国企业对外直接投资的主力军国企? 民企?》，《中国民营科技与经济》2005 年第 9 期。

［155］陈涛：《中国公司向发达国家直接投资的战略动机及作用机理研究》，西南交通大学，博士学位论文，2008 年。

［156］黄河：《欧洲主权债务危机看美国评级霸权对世界经济的影响》，《国际观察》2011 年第 6 期。

［157］姜亚鹏：《制度演化视角下的中国对外直接投资：主体结构分析与母国反哺效应检验》，中国社会科学出版社 2014 年版。

［158］冀相豹：《中国对外直接投资影响因素分析——基于制度的视角》，《国际贸易问题》2014 年第 9 期。

［159］［美］刘莉萍、蓝茵茵：《东道国主权信用下降对当地中国直接投资的影响——基于母国制度视角的分析与实证检验》，《上海师范大学学报》（哲学社会科学版）2016 年第 1 期。

［160］［美］刘莉萍、蓝茵茵：《东道国主权信用与中国对外直

接投资——基于中国与全球 ODI 国别面板数据的实证比较》，《湖南大学学报》（社会科学版）2016 年第 11 期。

［161］蓝茵茵、罗新星：《东道国主权信用评级对当地中国直接投资的影响》，《系统工程》2015 年第 9 期。

［162］蓝茵茵、罗新星：《发达国家主权债务危机对中国对外直接投资的影响分析》，《经济问题探索》2014 年第 2 期。

［163］蓝茵茵、罗新星：《新型区域贸易协定：性质、影响及多边化问题研究》，《经济问题探索》2015 年第 4 期。

［164］蓝茵茵、罗新星：《中国对外直接投资的机遇、风险与安全对策——以发达国家主权债务危机为视域》，《长沙理工大学学报》2015 年第 3 期。

［165］［美］芭芭拉·哈里斯－怀特：《中国和印度经济发展比较分析》，汤凌霄、蓝茵茵译，《湖南商学院学报》2014 年第 4 期。

［166］蓝茵茵、梁向东、杨海余：《走过危机：2009，中联重科在迪拜》，中国管理案例共享中心数据库收录（http：//cmcc. dlemba. com/casestorage. php）。

［167］李桂芳主编：《中央企业对外直接投资报告》，中国经济出版社 2011 年版。

［168］李凝、胡日东：《转型时期中国对外直接投资地域分布特征解析：基于制度的视角》，《经济地理》2011 年第 6 期。

［169］李凝：《转型时期中国企业对外直接投资研究》，中央编译出版社 2012 年版。

［170］李信宏、邵立强、庄建华、冯彦明、尚静：《信用评级》，中国人民大学出版社 2006 年版。

［171］刘宏、汪段泳：《金融危机后中国对外直接投资的海外利益研究》，《经济理论与经济管理》2011 年第 8 期。

［172］刘建江：《美国贸易逆差研究》，北京大学出版社 2017 年版。

［173］刘志忠：《基于新经济地理学的外资区位选择及变迁研究》，湖南人民出版社 2010 年版。

［174］卢力平：《中国对外直接投资战略研究》，经济科学出版社 2010 年版。

［175］栾彦：《全球视角下的欧洲主权债务危机研究》，经济科学出版社 2012 年版。

［176］马坤：《中国对外直接投资潜力研究》，经济科学出版社 2010 年版。

［177］汤凌霄：《最后贷款人论》，中国社会科学出版社 2010 年版。

［178］汤凌霄：《跨国银行系统性风险监管论》，经济科学出版社 2004 年版。

［179］裴长洪等：《中国海外投资促进体系研究》，中国社会科学出版社 2013 年版。

［180］邱立成、于李娜：《中国对外直接投资：理论分析与实证检验》，《南开学报》（哲学社会科学版）2005 年第 2 期。

［181］瞿旭、王隆隆、苏斌：《欧元区主权债务危机根源研究：综述与启示》，《经济学动态》2012 年第 2 期。

［182］宋伟良：《论中国对外直接投资的产业选择》，《经济社会体制比较》2005 第 3 期。

［183］田益祥、陆留存：《主权信用评级影响因素的长短期效应检验及对策——评级下调冲击经济的非对称效应启示》，《中国软科学》2011年第12期。

［184］汪锐、恩佳、杨继瑞：《美国长期主权信用评级下调：现状、挑战与我国的对策》，《西南民族大学学报》（人文社会科学版）2011年第12期。

［185］王娟、方良静：《中国对外直接投资区位选择的影响因素》，《社会科学家》2011年第9期。

［186］韦军亮、陈漓高：《政治风险对中国对外直接投资的影响》，《经济评论》2009年第4期。

［187］杨忠、张骁：《企业国际化程度与绩效的关系》，《经济研究》2009年第2期。

［188］张海星：《政府或有债务研究》，中国社会科学出版社2007年版。

［189］张宏、王建：《中国对外直接投资与全球价值链升级》，中国人民大学出版社2013年版。

［190］张金杰：《国家风险的形成、评估及中国对策》，《世界经济与政治》2008年第3期。

［191］周升起：《中国对外直接投资：现状、趋势与政策》，《东亚论文》2009年第75卷。

［192］朱华：《投资发展周期理论与中国FDI发展阶段定位研究》，《经济学动态》2012年第5期。

后　记

　　本书的出版得到了长沙理工大学学术著作出版资助和长沙理工大学马克思主义学院学术著作出版资助，特此致谢。本研究是国家社会科学基金青年项目 17CGJ026 的阶段性成果之一，也承蒙湖南省社会科学成果评审委员会项目 XSPYBZC065 和湖南省教育厅项目 16C0077 的支持，特此致谢！

　　衷心感谢我最敬爱的导师罗新星教授。没有罗老师一直以来的教诲与鼓励，就没有学生的今天。在师从罗老师的 6 年多时间里，恩师严谨细致的治学品格，敏捷开拓的学术思维，待人诚恳和蔼的态度和方正持重的风采，不仅激励着我在科学研究的过程中坚持去伪求真，更为今后的工作与学习树立了令人由衷敬佩与立志效仿的人生榜样。同时，还要感谢师母张勤老师的真切关怀。两年前，在遇到生活的波折时，是师母的反复开导引领我走出低谷，继续积极地面对人生。在此，三言两语无法言尽感激之情，唯有在今后的工作与生活中继续努力，报答恩师贤伉俪的栽培。

　　衷心感谢中南大学商学院各位老师给予的谆谆教诲，特别感谢冯正强教授、刘咏梅教授、徐选华教授、龚艳萍教授、李国辉教授、袁乐平教授、颜爱民教授、姚德权教授对本研究提出的宝贵意见。"天道酬勤"的院训将一直激励学生不断前行。

衷心感谢奥斯陆大学政治学系的 Helge Hveem 教授和 Tom Christensen 教授。在挪威学习和工作期间，您们的指导与关注，对我的学习与工作提供了持续的精神鼓励与实际助力。感谢奥斯陆大学政治学系与经济学系的同事们和同学们，您们的友谊和信任，是永远铭记于心的感动。

感谢我的父亲母亲。感谢您们的养育之恩，感谢您们的对女儿的永远支持。父亲母亲不求回报、无私奉献的爱，是我心底的温暖和人生道路上的力量源泉。

感谢我的先生秦卫星。您在生活上的体贴爱护，在学习与工作上的理解支持，是我心里一首甜蜜的歌。

感谢和我共事多年的长沙理工大学的同事们，我们分担忧愁，分享欢乐，人生的道路从不孤单。

最后，我想感谢所有曾经和现在关心和帮助我的人们，感谢生命中能有你们相伴！祝你们平安、幸福！

蓝茵茵

2017 年夏于长沙